어떻게 미국을 다시 위대하게 만들 것인가

CRIPPLED AMERICA: How to Make America Great Again by Donald J. Trump

This Korean edition was published by IreMedia Co., Ltd. in 2016 by arrangement with the original publisher, Threshold Editions, a Division of Simon & Schuster, Inc. through KCC(Korea Copyright Center Inc.), Seoul.

트럼프의 정책과 비전이 담긴 유일한 저서!

GREAT AGAIN

★ ★ ★ ★ ★

어떻게 미국을 다시 위대하게 만들 것인가

도널드 트럼프 지음 · **김태훈** 옮김

이레미디어

일러두기

• 옮긴이와 편집자 주는 각주를 달았습니다.

이 책을 부모님과 형제들,
멋진 아내와 나를 지지해주는 아이들,
그리고 미국을 다시 위대한 나라로
만들 준비가 된 사람들에게 바칩니다.

우리는 믿어야 한다

표지에 왜 그렇게 화나고 사나운 표정의 사진을 썼는지 의아하게 생각하는 사람들이 있을 것이다. 물론 함박웃음을 지으며 찍은 멋진 사진도 많다. 그런 사진에서 나는 행복하고, 만족하며, 아주 좋은 사람처럼 보인다. 가족들도 그런 사진을 표지에 쓰라고 말했다. 사진작가가 나를 잘 찍어준 덕분이다.

그러나 나는 그렇게 하지 않기로 결정했다. 이 책에서 우리는 절름거리는 미국을 이야기한다. 안타깝게도 좋은 말은 거의 나오지 않는다. 그래서 나는 행복하지 않은 표정, 기쁨보다 분노와 불만을 담은 표정을 찍은 사진을 쓰기로 했다. 지금 우리는 즐거운 상황에 처해 있지 않다. 우리는 미국을 다시 위대한 나라로 만들기 위해 노력해야 하는 상황에 처해 있다. 모두가 말이다. 그래서 이 책을 썼다.

사람들은 내가 자신감에 넘친다고 말한다. 그럴지도 모른다.

처음 내 생각을 공개적으로 밝힐 때 나는 현실주의자였다.

무능하면서도 현상유지에 급급하며, 줄기차게 반대만 하면서 내게 맞서려는 사람들을 안다.

유세장에서는 거창한 말만 늘어놓다가 막상 자리에 오르면 형편없는 패자처럼 행동하는 정치인들.

고객을 대신하여 우리의 돈을 훔쳐가는 로비스트와 이익단체들.

공정성을 잃은 나머지 '사실'과 '의견'도 구분 못하는 언론인들.

20퍼센트의 미국인들이 무직이거나 부실한 일자리에서 일하는데도, 합법적으로 일할 사람들이 가져야 할 일자리를 빼앗는 불법이민자들.

오랫동안 교착상태에 빠져서 사실상 시급한 국내 문제, 심지어 예산안 통과 같은 기본적인 문제도 해결하지 못하는 의회.

한편 이 나라의 토대인 중산층과 빈곤에 허덕이는 4,500만 미국인들은 지난 20년 동안 소득감소에 시달렸다. 당연히 현실에 대한 환멸과 분노가 매일 커질 수밖에 없다.

심지어 변호사와 판사들, 심사숙고하는 '현자들'도 민주주의의 보루인 우리의 헌법을 마구 유린하고 있다. 방만한 태도로 정책결정자처럼 행동한다. 우리가 뽑은 관료들이 당파 싸움에 매몰되어 있기 때문이다.

현재 러시아 푸틴 대통령은 시리아 사태를 해결하기 위해 동맹군을 결성하면서 미국 대통령을 앞지르고 있다. 그렇게 되면 푸틴은 세계에서 유일하게 일을 할 줄 아는 리더가 될 것이다. 그와 이란을 위시한 동맹군은 오바마 대통령과 우리 군이 몇 년 동안 형편없이 실패한 일을 해내려 하고 있다.

우리는 중동에서 말 그대로 수조 달러를 낭비하고도 최고 우방인 이스라엘을 소외시킨 것 외에는 이렇다 할 성과를 내지 못했다. 게다가 세계평화와 화합을 진전시킬 수 있다는 생각에 현재 러시아의 절친한 친구인 이란과 쓸데없고 값비싼 핵 협약을 맺었다.

미국이 위대한 나라라는 명제, 우리나라가 자유세계와 비자유세계의 리더라는 명제는 사라졌다.

나는 이 모든 문제에도 불구하고, 실은 이 모든 문제들 때문에 행동에 나서기로 결심했다. 더는 우리의 위대한 나라에서 일어나는 일들을 지켜보고만 있을 수는 없었다. 이 난맥상은 대단히 까다로운 리더십을 요구한다. 그래서 상식과 사업적 감각을 갖춘 사람, 한때 우리를 위대하게 만들었던 곳으로 다시 이끌어갈 사람이 필요하다.

우리에게는 무엇이 위업인지 알고 사업에서 능력을 검증한 사람, 한때 우리가 이르렀던 위대한 곳으로 이끌어가고, 어떤 일을 해야 하는지 설명할 수 있는 사람이 필요하다.

처음에 내 의견을 밝힐 때만 해도 어떤 반응이 나올지 몰랐다. 내가 뛰어난 건설자라는 사실은 알지만, 미국의 위대성을 회복하기 위한 정치적 생각과 의견을 제대로 드러낸 적은 없었기 때문이다.

나는 트럼프 브랜드가 세계적으로 품질과 우수성을 나타내는 아이콘

이라는 사실을 안다. 우리의 빌딩과 리조트들은 미국 전역과 다른 많은 국가에서 대단히 자랑스럽고 아름답게 우뚝 솟아 있다.

나는 불법이민 문제에 대해, 우리가 원치 않고 필요하지도 않은 불법이민자의 홍수를 철저하게 막을 수 있는 아주 높은 장벽을 건설하자고 제안하는 것으로 시작했다.

그러자 갑자기 국민들이 불법이민의 현실을 깨닫기 시작했다. 공화당 대통령 후보로 지명받기 위해 많은 사람들이 나섰지만, 그들의 말보다는 내가 한 말들이 진정으로 국민들에게 공감을 얻기 시작했다.

곧 몰려드는 인파가 너무 많아져 축구장으로 유세장을 옮겨야 했다. 첫 번째 전국 대선토론은 2,400만 명의 시청자를 모아 케이블 텔레비전 부문의 기록을 세웠다. 말도 안 되는 적대적인 질문들이 나왔지만 나는 언제나 그렇듯 맞서 싸우며 내가 가진 이상을 설명했다. 그 결과 대다수 사람들은 내가 토론의 승자라고 생각했다.

사람들은 내게 박수를 보냈다. 선거에 관심도 없고 투표도 하지 않던 사람들이 갑자기 유세장으로 몰려들었다.

언론인과 정치인, 그리고 소위 우리 사회의 리더들은 두려움에 사로잡힌 반응을 보였다. 그러나 나는 굽히지 않고 국민들에게 직접 다가갔다. 나는 다른 사람들에게 금전적으로 도움을 받을 필요도 없고, 내가 하는 말이나 행동을 허락받을 필요도 없기 때문이다. 단지 올바른 일만 하면 되는 것이다.

그리고 나는 내가 가진 이상의 세부적인 내용을 채우기 시작했다. 우선 부유층이 세금을 내는 방식을 조정하는 한편, 중산층과 저소득층이 수입의 더 많은 부분을 가질 수 있도록 세율을 낮추는 방안을 발표했다.

나는 우리의 모든 적에게 맞서기 위한 준비와 채비를 갖춘 더욱 강력한 군대를 만들겠다고 약속했다. 우리가 선을 긋는 것이 모든 국가, 특히 우리의 적들에게 강력한 의미가 되어야 한다.

나는 기업들이 해외 은행에 보유하고 있는 수조 달러와 함께 더 많은 일자리와 제조업을 미국으로 되돌리도록 권장하여 일자리를 창출하는 새로운 접근법을 제시했다.

나는 오바마케어가 의료보험 문제에 대한 값비싸고 터무니없는 해결책이며, 이것이 훨씬 나은 대안으로 대체되어야 하는 이유를 설명했다. 우리는 민간 부문에서 보험사들이 경쟁을 하고, 환자들이 원하는 가정의를 선택하도록 허용하여 문제를 바로잡아야 한다.

경쟁은 교육 부문에서도 마법의 단어다. 자녀가 최고의 교육을 받을 수 있는 학교를 선택할 권리가 학부모에게 있어야 한다. 부실한 학교는 폐쇄되고, 무능한 교사는 해고될 것이다. 무차별적 교육정책인 공통교육과정은 나쁘다. 교육은 지역에 기반을 둬야 한다.

국내에서는 인프라를 대규모로 재건해야 한다. 수많은 다리가 위험해졌고, 도로는 낡아서 구멍투성이다. 복잡한 도시에서 일하는 운전자들은 교통정체 때문에 수백만 달러의 수입을 손해 보고있다. 대중교통도 지나치게 붐비고 안전성이 떨어진다. 공항도 재건해야 한다.

그 외에도 이 책에 담은 다른 많은 생각들과 앞으로 밝힐 더 많은 생각들에 대해 이야기할 수 있으나 여기서 마무리하겠다. 다만 나를 비판하는 사람들이 나름의 정책의제를 밀어붙이고 있지만, 선거가 끝나면 사라질 계획들은 아무 쓸모가 없다는 사실을 덧붙이고자 한다.

우리에게 필요한 것은 혼란에 대처하고 실질적인 해법을 적용할 수 있는 리더십이다. 나의 목표는 수백 쪽에 걸친 정부 규제안과 관료적 정책을 기획하는 것이 아니다. 우리는 상식에 입각한 정책들을 설정한 다음, 실행하는데 필요하다면 강력한 조치를 취해야 한다.

나는 복잡한 사안을 처리하고 성공에 필요한 여러 요소들을 모으는 법을 안다. 실제로 오랫동안 그런 일을 하면서 훌륭한 회사를 만들었고, 상당한 부를 쌓았다.

이 책은 독자들이 나를, 그리고 미래에 대한 나의 이상을 더 잘 알도록 하기 위한 것이다. 나는 정말 좋은 사람이며, 우리나라를 다시 위대하게 만들기 위한 열정과 의지도 갖고 있다.

미국을 절망과 분노에서 기쁨과 성취로 되돌릴 때가 되었다. 그렇게 될 수 있으며, 그렇게 될 것이다.

우리의 전성기는 아직 멀었다. 우리나라에는 아직 활용하지 않은 위대한 점들이 아주 많다. 우리는 풍부한 천연자원과 인재가 있다.

재미있게 읽으시라. 그리고 함께 미국을 다시 위대한 나라로 만들자!

차례

CRIPPLED AMERICA

Part 1

★ ★ ★

다시 이기기 위해

미국은 다시 이겨야 한다.

누구도 패자를 좋아하지 않으며, 괴롭힘을 당하고 싶어하지 않는다. 그러나 지금 우리는 역사상 최고의 강대국인데도 사방에서 당하고 있다. 그것은 이기는 것이 아니다.

우리의 대통령은 강한 모습으로 선을 그으려 한다. 그러나 누군가 선을 넘어도 실제로는 아무런 일도 일어나지 않는다.

외국과 협상을 시도할 때는 어떤가? 우리는 버티지도 못하고, 물러서라고 위협하지도 않으며, 무엇보다도 자리를 뜨지도 않는다. 계속 양보만 할 뿐이다. 그것은 이기는 것이 아니다.

내가 사업을 이런 식으로 운영했다면 스스로 물러났을 것이다.

미국 역사상 최악의 합의 중 하나가 존 케리가 협상하고 오바마 대통령이 억지로 의회에서 통과시킨(더 정확하게 말하면 소속당이 협정을 지지하고 모든 토론이나 표결을 필리버스터로 봉쇄한) 이란과의 핵 '협정'만 해도 그렇다. 이 협정은 아마도 우리 시대에 가장 중요한 협정일 것이다. 그런데도 정계의 멍청한 리더들은 토론이나 표결조차 하지 않았다.

레이건 전 대통령은 "신뢰하되 검증하라"고 말했다. 그러나 이 사안에서 둘 다 하지 못하고 있다. 어떻게 아야톨라 하메네이Ayatollah Ali Khamenei★ 같은 사람을 신뢰할 수 있나? 하메네이는 협정을 승인하기

★ 이란의 정치가이자 최고지도자이다.

불과 한 달 전에 우리의 가장 중요한 우방이자 중동의 안정을 위해 오래 협력해온 이스라엘을 파괴하고 제거하겠다고 거듭 밝혔다. 또한 검증 측면에서도 국제원자력기구가 이란과 어떤 이면합의를 했는지조차 모른다. 혹은 만약 정부가 알고 있다면 아직 발표하지 않은 것일지도 모른다.

그것은 이기는 것이 아니다. 내가 보기에는 거의 범죄에 가까운 태만이다.

뒤이어 모든 공화당 상원의원들(그리고 일부 민주당 상원의원들)이 비판하자 대통령은 그들을 우리의 적들로 빗댔다.

다시 말해 그는 친구와 우군들을 팔아넘기다 못해 협정을 변호하려고 비판론자들을 적들로 빗댄 것이다.

이것이 소위 말하는 성공적인 외교인가?

우리는 이제 시리아 같은 데서 오는 난민들에게 문을 열어주게 될 것이다. 이는 ISIS[Islamic State of Iraq and Syria] 조직원들에게 우리나라로 와서 파괴를 일삼으라고 초청장을 보내는 것과 같다.

이것이 다른 나라들이 존중하고 닮으려 애쓰던 언덕 위의 빛나는 도시[the shining city on a hill★], 미국이 처한 현실이다.

★ 마태복음에 나오는 구절로 케네디 대통령이나 레이건 대통령이 연설문에서 미국을 표현할 때 인용했다.

그렇다면 어떻게 해야 할까? 어떻게 해야 다시 이길 수 있을까?

우선 이기고자 하는 의지와 이기는 경험을 가진 정부가 필요하다. 이 책은 그렇게 하기 위한 방법을 다룬다.

나는 2015년 9월 초에 워싱턴 DC에서 열린 대규모 유세에서 연설을 했다. 그때 나는 청중들에게 너무나 강해서 쓸 필요가 없는 군대가 필요하다고 말했다. 그리고 이렇게 물었다. "오바마 대통령, 듣고 있소?" 거의 모든 청중들이 환호를 보냈다. 나는 일부 청중들이 회의적인 태도를 보인 이유를 안다. 국민들은 승리는 말할 것도 없고 어떤 성과도 내지 못하는 지겨운 정치인들로부터 해묵은 공약을 듣는 일에 질렸다. 나 또한 이런 사정을 잘 안다. 유세를 지원해달라고 개인적으로 부탁하는 양당의 후보들에게 오랫동안 많은 돈을 주었기 때문이다. 그들은 새로운 생각으로 세상을 바꾸고, 국토를 지키며 국민을 우선하는 최초의 정부로 되돌리겠다고 약속했다.

그러나 지금까지 숱한 후보들이 온갖 맹세를 했지만 이뤄진 것은 거의 없다. 문제들이 얼마나 해결되었나? 워싱턴에서는 어떤 일도 진전되지 않는 것 같다.

그 당연한 결과로 국민들로부터 부정적인 인식을 얻은 의회를 보라.

의회를 불신하지 못할 이유가 무엇인가? 아무 일도 하지 않는데도 말이다.

심지어 그들은 예산안도 통과시키지 못한다. 계속 말싸움만 할 뿐이다. 우리가 안은 모든 문제와 엄청난 부채를 우리 아이들, 그리고 손주들에게 떠넘기고만 있는 것이다.

이제는 멈춰야 한다.

마침내 나는 '말만 늘어놓고 행동은 하지 않는' 정치인들은 더 이상 필요 없다는 사실을 깨달았다. 이제는 경영하는 법을 아는 똑똑한 기업가가 필요하다. 더 이상 정치적인 미사여구는 필요 없다. 상식이 필요하다. "고장나지 않았다면 고칠 필요가 없다"라는 말이 있다. 그러나 고장이 났다면 이제 말은 그만하고 고쳐야 한다.

나는 어떻게 고쳐야 하는지 안다.

많은 사람들이 나에게 나아가 의견을 말하라고 권했다. 나는 주거용, 사무용 빌딩을 건설하고 공공용지를 개발하면서 부를 쌓은 유명한 성공담을 발판으로, 미국 역사상 가장 거대한 전환을 이루도록 국민들을 일깨울 수 있다는 사실을 깨달았다.

물론 의심하는 사람들도 있었다. 논쟁을 불러일으켜 신문을 파는 언론인들과 현상유지로 일자리를 보존하려는 정치인들 중에는 내가 몰락할 것이라고 예측하는 '전문가들'이 많았다. 그들은 '여론조사 결과'를 분석하고 "트럼프는 우리에게 위협적인 존재"라는 로비스트들과 이익단체들의 말을 들었다. 그리고 내가 약자를 괴롭힌다거나, 편견에 사로잡혔다거나, 여성 혹은 남미계 사람들을 싫어한다고 말했다. 일부는 정치계에서 절대 해서는 안 되는 짓인데도 불구하고 내가 온갖 감세 혜택을 누리는 미국의 최고 부자들에게 맞서려 한다는 말까지 했다.

나는 그들이 틀렸음을 증명했다.

그들 모두가 틀렸음을 말이다!

그러자 같은 신문과 '전문가들'이 갑자기 나의 생각만 이야기하기 시작했다. 소위 비당파적 언론인들이 던지는 험하고 멍청한 질문들에 대답하는 동안에도, 사람들은 계속 귀를 기울이며 나의 생각을 지지해주었다. 그래서 어떻게 되었을까? 여성들은 내가 던지는 메시지에 호응해주었다. 그들도 남성들만큼 워싱턴에서 이뤄지는 일이 거의 없는데 질렸기 때문이다.

남미계 국민들도 지지 대열에 동참하고 있다. 실제로 내 밑에서 일했고, 나를 상사이자 리더로 만난 남미계 직원들로부터 도널드 트럼프는 사업을 일굴 줄 안다는 말을 들었기 때문이다.

도널드 트럼프는 건물을 짓는다.

도널드 트럼프는 멋진 골프장을 개발한다.

도널드 트럼프는 일자리를 만드는 투자를 한다.

도널드 트럼프는 합법적인 이민자들과 모든 미국인들을 위해 일자리를 만든다.

정치계에 질린 언론인들조차 도널드 트럼프는 진실하며, 국민들은 여타 정치인들과 완전히 다른 사람에게 호응하고 있다는 사실을 깨닫고 있다.

누구도 내게 이런 말을 하라고 돈을 주지 않는다. 나는 내 돈을 쓰고 있으며, 어떤 이익단체나 로비스트에게도 빚지지 않았다.

나는 기존의 일반적인 규칙에 따라 움직이지 않는다.

나는 여론조사 결과를 보고 어떤 '신념'을 가져야 할지, 혹은 무슨 말을 해야 할지 정하는 그런 정치인이 아니다.

나는 있는 그대로 말하고, 미국을 다시 위대하게 만들 수 있는 핵심으로 나아간다.

나는 모든 사람이 만족하기를 바라는 외교관이 아니다.

나는 어떤 신념이 있다면 절대 중단하거나 포기하지 말아야 하며, 넘어져도 다시 일어나 이길 때까지 계속 싸워야 한다는 사실을 배운 실용적인 기업가다. 이것이 평생 내가 따른 전략이며, 덕분에 큰 성공을 거뒀다.

이기는 것이 중요하다. 최고가 되는 것이 중요하다.

나는 우리나라, 미국이 다시 위대해질 때까지 계속 싸울 것이다.

아메리칸 드림이 죽었다고 생각하는 사람들이 아주 많지만 그 어느 때보다 더 크고, 더 좋고, 더 강하게 되살릴 수 있다. 지금 당장 그 일을 시작해야 한다.

우리는 미국이 다시 이기도록 만들어야 한다.

CRIPPLED AMERICA

Part 2

★ ★ ★

'공평무사' 한 우리의 정치언론

나는 오랫동안 언론이 싫어하는 사람이었다.

정치언론이 얼마나 정직하지 않은지 아는데 그리 오랜 시간이 걸리지 않았다. 1차 공화당 대선후보 토론에서 폭스의 앵커인 메긴 켈리Megyn Kelly는 명백하게 나를 공격하려 들었다. 그리고 두 번째 토론에서는 사실상 모두가 나를 공격했다. 대다수 여론조사 결과에서 나만 지지도가 올랐기 때문이다.

내가 논쟁을 잘 불러일으키는 사람일지도 모른다. 속에 있는 말을 그냥 해버리기 때문이다. 나는 여론조사 결과에 휘둘리고 싶지 않아서 전문가도 따로 고용하지 않았다. 언론은 나의 솔직한 태도를 좋아한다. 그들은 내가 질문을 피하거나 무시하지 않는다는 사실을 안다. 나는 있는 그대로 말하기를 꺼리지 않는다. 대개 대선후보 토론은 약 200만 명이 시청한다. 그러나 1차 대선후보 토론은 2,400만 명이 시청했고, 2차 대선후보 토론도 비슷한 시청자 수를 얻었다. 이는 NBA 결승전, 월드시리즈, 대다수 NFL 경기보다 많은 시청자 수이다. 폭스 뉴스와 CNN 역사상 최다 시청자 수를 기록했다.

왜 많은 사람들이 대선후보 토론을 지켜봤을까? 공격적인 질문들을 들으려고? 점수를 따기 위해 나와 같은 외부자인 척하는 정치인들을 보려고? 아니다. 그것은 바로 내가 사람들이 듣고 싶어하며, 들을 자격이 있는, 그리고 정치인들에게 들을 수 없는 말들을 하기 때문이다. 이는 엄연한 사실이다. 현재 우리나라는 엉망진창이며, 그렇지 않은 것처럼 꾸밀 시간이 없다. 정치적 공정성이나 따지면서 낭비할 시간이 없단 말이다.

정치인들이 말하는 것을 보면, '어떻게 해야 더 지루할 수 있을까'라는 제목의 각본대로 이야기하는 것 같다. 그들의 인터뷰는 페인트가 마르는 모습을 지켜보는 것만큼 따분하다. 그들은 말실수를 할까 봐, 각본에 없는 말을 해서 공식적인 입장에 어긋날까 봐(실제로 이런 표현을 쓴다) 두려워서 마비되어 있다. 그래서 질문에 대한 답변을 회피하려고 갖은 수를 다 쓴다. 여기에 언론은 그 장단에 같이 놀아난다.

이런 수작의 목적은 사려 깊은 척하는 한편 같이 맥주를 마시고 싶은 보통사람처럼 보이게 하려는 것이다. 여론조사 전문가는 누구도 소외시키지 않고 모든 사람에게 호감을 주도록 두루뭉술하게 말하는 법을 가르친다. 우리의 적에게 맞서겠다는 과감한 약속을 하는 정치인들이 기자의 질문에는 제대로 된 답변조차 하지 않는다. 나는 이따위 수작을 부리지 않는다. 왜냐하면 나는 성공한 기업가이며, 우리나라가 안고 있는 모든 문제와 19조 달러에 달하는 부채를 해결해야 한다고 마음먹었기 때문이다.

1차 토론에서 나는 메긴 켈리의 적대적인 질문을 이렇게 맞받아쳤다. "제 생각에 미국이 안은 가장 큰 문제는 정치적 공정성에 연연한다는 겁니다. 많은 사람들이 제게 이 문제를 제기했지만, 사실 저는 정치적 공정성에 매달릴 시간이 없어요. 솔직히 말하건대 우리나라도 시간이 없기는 마찬가지입니다. 우리나라는 큰 난관에 처해 있어요. 우리는 더 이상 이기지 못하고 있어요. 우리는 중국에게 지고 있어요. 멕시코에게는 교역과 국경 문제에서 지고 있어요. 그리고 러시아, 이란, 사우디아라비아에게도 지고 있어요."

뽐내고 싶어서 내가 승자라고 말하는 것이 아니다. 나는 이긴 경험을 갖고 있다. 우리는 그것을 리더십이라 부른다. 사람들은 나를 따르고, 내가 하는 행동으로 고무된다. 어떻게 아냐고? 나는 평생 리더였다. 수천 명의 우리 직원들은 내가 성과를 내고, 자신이 성과를 내도록 돕는다는 사실을 안다. 때로 나는 앞으로 나서지 않고, 농담을 던지고, 장난을 치며, 의견을 두루 경청한다. 그렇게 우리는 좋은 시간을 가진다. 나는 해야 할 말을 하며, 나를 아는 모든 사람들은 내 말을 제대로 알아듣는다.

우리가 직면한 문제들과 관련하여 대선후보 토론은 '트럼프 대 기타 후보'의 구도가 되었다. 사방에서 나를 공격한다. 실로 우리나라를 바꿔서 다시 위대하게 만드는 문제를 이야기하는 사람은 나뿐이기 때문이다. 진행자는 내가 한 발언들을 읽고(혹은 오독하고) 다른 사람들에게 의견을 묻는다. 내가 기질적으로 적합한지, 내가 나라를 기업처럼 운영할지, 내가 언제 '실제로 공화당원이 되었는지' 등을 말이다. 이런 대화는 흥미를 돋우기에는 좋다. 그러나 안타깝게도 대선후보 토론은 거의 스포츠 경기처럼 변해버렸다.

중요한 점이 무엇인지 아는가? 이런 질문들은 우리나라에서 무엇이 잘못되었고, 국민들에게 정말로 중요한 것이 무엇인지 그 핵심을 전혀, 혹은 거의 다루지 않는다는 것이다. 오로지 개인적인 문제만 다룰 뿐이다. 정치인들(그리고 측근 언론인들)은 정부가 이란과 맺은 핵 협정에서 무엇을 팔아넘겼는지, 혹은 해마다 납세자들의 고혈을 짜내는 연방 재정 적자를 어떻게 해결할지 국민들이 자세히 듣고 싶어하지 않는다는 사실을 알기 때문이다. 나와 다른 후보들 사이에 오간 개인적 언쟁은 몇 주 동안 대선후보 토론에 대한 주된 이야기이자 보도의 초점이 되었다. 보통 폭스 뉴스와 CNN은 수준이 더 나을 것이라고 기대한다. 그러나 사실 나는 CNN과 폭스로부터 부당한 대우를 받았다. 그래도 보통은 유수 방송국이라면 책임을 더욱 진지하게 받아들여, 대선후보 토론을 통해 누가 우리나라를 다시 위대하게 만들 최선의 계획을 가졌는지 국민들이 판단하도록 도울 것이라고 생각한다.

그러나 그들은 그런 모습을 보일 기회를 놓쳤다.

이런 토론방식은 내게 도움이 되었다. 똑똑한 국민들은 나에 대한 개인적 공격을 퍼붓는 진정한 의도가 무엇인지 바로 알아차렸다. 나는 누구보다 긴 발언시간을 얻었고, 신문 등의 1면에 더 많이 노출되었고, 인터뷰 요청을 더 많이 받았다. 무엇보다 나라를 위해 가장 중요한 것은 국민들에게 직접 말할 기회를 더 많이 얻었다는 것이다.

언론, 특히 금융언론 쪽에는 내가 높이 평가하는 사람들이 많다. 금융 담당 언론인들은 인터뷰를 할 때 어떻게 해야 하는지 알며, 시청자들에게 중요한 정보를 제공하는 직접적인 질문을 한다. 돈이 걸려 있기 때문에 정치언론처럼 실없는 '허점 찌르기'를 하지 않는다.

나는 그런 공격을 개의치 않는다. 언론이 나를 활용하듯이 나는 주목받기 위해 언론을 활용한다. 일단 주목을 받으면 내게 유리한 방향으로 활용할 수 있다. 나는 앞에 나서서 발언하는 일을 두려워하지 않으며, 언론이 기사로 다루거나 출연해달라고 매달린다는 사실을 오래 전부터 알았다. 조금 다른 방식으로 행동하고, 별난 발언을 일삼으며 맞받아치면 그들로부터 사랑받을 수 있다. 그래서 나는 주장을 펼치기 위해 가끔 별난 발언들을 하면서 언론이 원하는 시청자와 독자의 관심을 끌어주었다. 나는 팔아야 할 브랜드를 가진 기업가다. '세계에서 4번째로 맛있는 피자'라고 광고하는 피자 회사를 본 적이 있는가? 이제 나는 오랫동안 엄청난 성공을 거두면서 연마한 이 재능을 활용하여 우리나라가 더 나아질 수 있고, 다시 위대해질 수 있으며, 현실을 바꿀 수 있다는 사실을 사람들에게 알리고 있다.

〈뉴욕타임스〉에 전면광고를 실으려면 10만 달러가 넘는 돈을 내야 한다. 그러나 내가 성사시킨 거래에 대한 기사가 실리게 되면 아무런 비용이 들지 않으며, 더 중요한 것은 홍보를 할 수 있다. 나는 언론과 서로 이득이 되는 관계를 맺고 있다. 우리는 서로가 원하는 것을 준다. 나는 이 관계를 활용하여 미국의 미래를 이야기하고 있다.

많은 사람들은 내가 언론을 잘 다룬다고 생각한다. 그 말이 맞을 때도 있다. 그러나 내가 언론을 이용할 수 있다는 생각은 완전히 틀렸다. 누구도 언론을 이용할 수 없다. 언론은 너무나 거대하고 폭넓기 때문이다. 나에게는 언론인들과 관계를 맺는 일이 반드시 필요했다. 나는 수많은 언론인을 존경한다. 내가 아는 몇몇 좋은 사람들도 언론인이다. 그들은 정직하고, 품위 있고, 근면하다. 이런 사람들이 언론을 명예롭게 만든다. 그들은 내가 잘못이나 실수를 저지르면 정확하게 보도한다. 나는 거기에 아무 이의가 없다. 나를 괴롭히는 것은 나의 실수이지 언론보도가 아니다.

그러나 언론이 권력을 남용하여 나 같은 사람을 부당하게 대한다고 느낄 때도 많다. 핵심은 '정확성'이다. 다른 모든 부문처럼 언론계에도 질 나쁜 사람들이 있다. 지금까지 좋고 나쁜 온갖 언론을 접하면서 정상부터 바닥까지 온갖 사람들을 만났다. 여기서 말하는 바닥은 정말 밑바닥을 말한다. 그들은 정직과 거리가 먼 형편없는 인간들이다. 나는 이러한 형편없는 언론인들이 뻔뻔하게 거짓말을 늘어놓는 모습을 봤다. 이렇게 말하는 이유는 무능하다고 해서 부정확한 기사를 쓰는 것이 아니기 때문이다. 그래서 거짓말이라는 것 외에 달리 설명할 길이 없다.

나는 언론을 통해 만든 이미지 덕분에 세계 최고의 고급 브랜드를 구축할 수 있었다. 사람들은 내가 지은 아파트와 내 이름이 붙은 제품을 사며, 내가 만든 골프장을 찾는다. 내 이름을 붙이려면 무엇보다 품질이 최고여야 한다는 사실을 알기 때문이다. NBC가 왜 〈어프렌티스The Apprentice〉라는 프로그램을 내게 맡겼다고 생각하는가? 내가 프로그램에서 대단하고 엄격한 고용주라는 '극복해야 할 대상'으로 나섰기 때문이다. 그 결과 〈어프렌티스〉는 텔레비전 역사상 가장 큰 성공을 거둔 프로그램 중 하나가 되었다. 나는 직원을 해고하여 미래의 위상을 높여준 세계 유일의 상사다.

진실은 때로 아프지만 더 나아지기 위한 유일한 길이기도 하다. 많은 시청자들은 〈어프렌티스〉를 보면서 잘리지 않도록 일을 잘하는 법을 배웠다고 말했다.

나는 비판을 꺼리지 않는다. 사람들은 내게 과민하다고 말하지만 사실 나는 낯이 두껍다. 내게는 멋지고 아름다운 아내와 수십억 달러의 재산이 있다. 아이들은 아주 똑똑하고 나와 함께 일하면서 임원으로 성과를 냈다. 내 책상에는 거대한 프로젝트들이 쌓여 있다. 어디를 가든 사람들은 내게 달려와 우리나라를 다시 이기게 만든다는 생각에 들떠 있다고 말한다. 비판은 성가시지도, 아프지도 않다. 나는 힘과 돈을 얻었다. 그러나 이제는 국민들의 뜻이 드러나고 전달되도록 도와야 할 때다. 나는 우리나라를 다시 위대하게 만들기 위해 이 일을 한다.

얼마 전에 많은 전문가들이 내게 진지하게 대권에 도전하는 것인지 계속 물었다. 나는 그들의 질문이 틀렸다고 생각한다. 올바르게 질문하려면 이렇게 질문해야 한다. "우리나라의 미래를 진지하게 고민하는가?" 나는 지금 그 어느 때보다 진지하다.

모든 프로그램은 시청률을 높이기 위해 뉴스거리를 만들려 애쓴다. 문제는 언론이 할 일을 하지 않는다는 것이다. 그들은 대중에게 정보를 전달하는데 관심이 없다. 대신 '허점 찌르기'라는 나름의 게임을 한다. 앞서 말했듯이 일부 정치언론은 전혀 정직하지 않다. 그들은 진실을 알리는 일에 관심이 없고, 내가 한 말을 온전히 전달하고 싶어하지 않으며, 그 의미를 신경 쓰지도 않는다. 그들은 내가 무슨 말을 했는지, 그 말이 무슨 의미인지 알면서도 멋대로 편집하고 왜곡한다.

2015년 6월 16일 뉴욕에서 대권에 도전하겠다고 발표했을 때, 이런 언론의 생리를 다시 실감했다. 그날 나는 여러 가지 주제에 대해 긴 이야기를 했다. 가령 불법이민, 실업, 줄어드는 국내총생산, 오래된 핵무기, 이슬람 테러 등 우리가 직면한 많은 문제들을 열거하고 나의 생각을 밝혔다. 언론은 어디에 초점을 맞췄을까? 그들은 멕시코가 가장 질 나쁜 사람들을 우리의 남쪽 국경 너머로 보낸다는 말에 집중했다. 나는 이렇게 말했다. "멕시코는 많은 문제를 가진 사람들을 보내고 있습니다. 그 사람들은 그 문제들을 우리에게 가져옵니다."

그러나 정작 알려지기로는 내가 모든 이민자들을 범죄자 취급했다는 것이다. 나는 전혀 그런 말을 한 적이 없다. 다만 언론에서 뉴스거리로 삼기에 더 좋아서 그렇게 전해졌을 뿐이다. 그래야 그럴듯한 제목을 뽑을 수 있기 때문이다. 내가 한 말은 멕시코에서 오는 모든 불법이민자들 중에 강간범이나 마약장사꾼 같이 국가의 도움에 빌붙어 살려는 사람처럼 아주 질 나쁜 사람들이 있으며, '무법자들'이 들어오지 못하도록 국경을 닫는 즉각적이고 강력한 조치를 취해야 한다는 것이었다.

나를 아는 사람들은 내가 결코 남미계나 다른 집단을 욕하지 않는다는 사실을 안다. 나는 많은 남미계 사람들과 거래를 했다. 또한 평생을 뉴욕에서 살면서 남미 문화가 얼마나 아름다운지 배웠다. 남미계 사람들도 미국에 분명히 기여한다. 나는 오랫동안 근면한 남미계 사람들을 많이 고용했으며, 남미계 사람들을 깊이 존경한다. 그러나 언론은 그런 사실을 보도하지 않는다.

언론에서 보도하는 내용은 "트럼프가 모든 이민자를 범죄자로 칭하다", "트럼프가 모든 멕시코 사람들을 강간범 취급하다!" 같이 자극적인 것들이다.

정말 말도 안 되는 짓이다.

나와 관련하여 정치언론이 가진 한 가지 문제는 내가 그들을 두려워하지 않는다는 것이다. 다른 사람들은 말 그대로 관심을 구걸하며 바삐 돌아다닌다. 나는 그러지 않는다. 사람들은 나의 생각에 호응한다. 내 얼굴이 표지에 실리거나, 내가 출연해서 평소보다 훨씬 많은 시청자가 몰리면 잡지가 더 팔린다. 웃기는 점은 나를 비판하는 것이 관심을 끄는 최선의 방법이라는 것이다.

그러나 이제는 국민들도 이 사실을 깨닫기 시작했다. 마침내 그들은 많은 정치언론들이 중요한 사안을 공정하게 보도하지 않는다는 것을 알게 되었다. 정치언론들은 선호하는 후보가 뽑히도록 여론과 선거를 조작하려 든다. 이런 언론사들은 억만장자가 보유하고 있다. 그들은 어떤 후보가 가장 도움이 되는지 아는 똑똑한 사람들이라 원하는 후보를 지원할 길을 찾는다.

지금까지 나는 얼마나 많은 기자들과 얼마나 많은 인터뷰를 했는지 셀 수조차 없다. 잡지의 표지에 실린 적이 몇 번이나 되는지도 모른다.

근래에 보수파 라디오 진행자인 휴 휴이트Hugh Hewitt와 인터뷰를 한 적이 있다. 그는 나를 "최고의 초대손님"이라 불렀다. 인터뷰가 진행된 과정은 이렇다.

휴는 내게 한 이란 장성과 여러 테러단체 수장들에 대한 질문을 했다. "차기 군 통수권자가 되려면 하산 나스랄라Hassan Nasrallah가 누군지, 자와히리Zawahiri가 누군지, 알 줄라니al-Julani가 누군지, 알 바그다디al-Baghdadi가 누군지 알아야 합니다. 아직도 명단이 있어야만 선수들 이름을 아나요?"

정말 터무니없는 질문이었다. 대선이 1년도 더 남은 시점에서 각 테러단체 수장의 이름을 아는 것이 자질을 따지는 시험이 될 수는 없다고 생각한다. 상식문제를 풀려고 나간 자리가 아니었다. 그가 내게 던진 모든 질문이 그랬다. 내가 평생 터득한 경제정책이나 세법개정에 대한 질문은 별로 하지도 않았다. 대신 자신이 아랍 이름들을 읽고 제대로 발음할 줄 안다는 사실 외에는 아무 것도 증명할 수 없는 '허점 찌르기'식 질문만 했다. 조지 부시와 버락 오바마가 모든 테러단체의 수장들 이름을 알았을까(그렇다고 두 사람이 표준이라는 말은 아니다)?

사람들은 이런 헛소리를 간파한다. 우리에게는 실질적인 문제가 있다. 나는 그 문제들을 해결하는 길을 이야기한다. 하지만 언론은 계속 낡은 관행을 되풀이한다. 그나마 인터뷰가 끝날 무렵에는 휴의 태도가 괜찮아졌다. 그는 그 뒤로도 나를 아주 높게 평가하고 있다.

그러나 당시 모든 질문이 "몰랐지, 몰랐지, 몰랐지"라는 식이었다. 나는 가능한 최선의 대답을 했다. 이 사람들은 1년만 지나도 그 자리에 없을지 모른다. 나라가 올바른 일을 하지 않으면 우리도 더 오래 버티지는 못한다고 덧붙일 걸 그랬다.

분명히 밝혀둘 것이 있다. 나는 알아야 할 일이 있으면 공부한다. 가령 세계에서 가장 아름다운 골프장을 스코틀랜드 애버딘에 만들기로 결정했을 때 관련 공무원들의 이름을 하나도 몰랐다. 그러나 사업을 진행하기 위해 현지로 갈 때는 필요한 모든 사람의 이름을 알고 있었다. 그리고 그들 중 대다수를 직접 만났다. 나는 모든 프로젝트를 시작할 때 필요한 것들을 알아둔다. 그다음에는 프로젝트를 만족스럽게 마무리하는데 필요한 정보도 습득한다. 내게는 직위가 말해주는 대로 경영하는 법을 아는 강력한 경영진이 있다.

내가 일하는 방식은 이렇다. 우선 필요한 일을 세상에서 가장 잘하는 사람을 찾아 고용한다. 그다음에는 믿고 맡긴다. 대신 항상 지켜보는 일을 잊지 않는다.

미국에는 뛰어난 군 지휘관들이 있다. 우리는 세계 최고의 장교와 사병들을 육성한다. 정보 계통에도 실로 똑똑한 사람들이 있다. 이 사람들은 매일 중대한 문제에 대처하는 진정한 전문가들이다. 그들은 모든 상대를 안다.

내가 사업에서 성공한 여러 가지 이유 중 하나는 최고의 인재를 고용한다는 것이다. 나는 후한 급여를 주고 계속 나를 위해 일하도록 만든다. 거래 상대 쪽에서 일하는 사람들을 만날 때도 있다. 그들은 나를 이기지 못하지만 상대하기 힘든 경우도 있다. 나는 그런 사람들을 높이 평가한다. 그래서 소속 회사에서 빼앗아오기도 한다.

휴 휴이트가 한 일을 탓할 수는 없다. 그는 메긴 켈리처럼 이목을 끄는 최선의 방법이 도널드 트럼프를 공격하는 것이라는 사실을 잘 알고 있었다. 덕분에 나와 나눈 짧은 대화로 그 어느 때보다 많이 주요 기사에 이름을 올렸다. 그가 중요하게 여긴 것은 테러단체 수장들의 이름이 아니라 자신의 이름이었다. 그의 의도는 적중했다.

그러나 이러한 것들은 국민을 등한시하는 낡은 수작일 뿐이며, 앞으로는 바뀌어야 한다.

이목에 집착하는 태도는 이 나라의 언론과 관련하여 우리가 직면한 문제를 단적으로 말해준다. 언론들은 경쟁이 너무 심한 나머지 국민을 교육하기보다 흥미거리를 제공하는 일에 더 열중한다. 그들이 나를 좋아하는 이유도 더 많은 시청자를 끌어오기 때문이다. 또한 그들이 나를 싫어하는 이유도 내게는 자신들이 필요 없다는 사실을 알기 때문이다. 나는 오래전부터 실로 중요한 사람들, 직업 정치인들에게 신물이 난 보통사람들에게 직접 말하는 법을 배웠다.

내가 이 책을 쓴 이유도 바로 당신, 진정한 미국인들을 위해서다.

C R I P P L E D   A M E R I C A

Part 3

★ ★ ★

이민_ 훌륭한 벽은 좋은 이웃을 만든다

나는 대선 후보로 나서겠다고 발표할 때 약 한 시간에 걸쳐 우리가 직면한 거의 모든 문제를 다뤘다. 가장 많은 관심을 끈 주제는 이민정책에서 내가 초점을 둔 부분이었다. 내가 제기한 문제는 우리나라의 이민정책에 일관성이 없다는 것이었다. 나는 불법이민에 상당히 강경한 태도를 드러냈으며, 많은 사람들은 그 점을 좋아하지 않았다. 나는 많은 나라들이 가장 나쁜 국민들을 우리 국경에 버리고 있으며, 이를 멈춰야 한다고 말했다. 국경을 통제하지 않는 나라는 생존할 수 없다. 특히 지금 같은 현실에서는 더욱 그렇다.

내가 한 말은 상식에 불과하다. 예전에 만나봤던 국경수비대원들은 어떤 사람들이 국경을 넘어오는지 알려주었다. 남쪽에 있는 나라들은 최고의 국민들을 보내지 않는다. 나쁜 사람들이 멕시코뿐만 아니라 다른 나라에서도 넘어온다. 그들은 중미와 남미의 모든 나라에서 들어오며, 어쩌면 중동에서도 넘어올지 모른다. 여기에 한마디 덧붙이자면, 수만 명의 시리아 난민들을 받아들이면 분명히 많은 문제가 생긴다. 더군다나 보호책이나 대응 역량이 없기 때문에 얼마나 심각한 문제가 생길지도 알 수 없다. 우리는 어떤 일이 벌어지고 있는지 모른다. 이런 현실을 이제는, 당장 멈춰야 한다.

나는 발표 말미에 이렇게 덧붙였다. "저는 커다란 장벽을 세울 것이며, 저보다 장벽을 잘 세우는 사람은 없습니다. 그 점은 장담합니다. 게다가 아주 저렴하게 세울 겁니다. 저는 남부 국경에 커다란 장벽을 세우겠습니다. 그리고 그 비용을 멕시코가 지불하도록 만들겠습니다. 분명히 말합니다." 그날 나는 상당히 오랫동안 이야기했다. 우리나라가 직면한 거의 모든 문제를 다뤘다. 그런데도 언론에서 어떻게 보도했는지 아는가? 그들은 이렇게 떠들어댔다. "트럼프는 반이민주의자다." "트럼프가 이민자들을 강간범으로 칭하다." "트럼프가 멕시코와 전쟁을 시작하다." 우리가 왜 문제를 해결하지 못하는지 아는가? 왜 아무것도 바뀌지 않는지 아는가? 바로 문제에 맞서서 행동을 취하지 않기 때문이다.

우리나라로 밀려드는 불법이민의 홍수는 대단히 심각한 문제 중 하나다. 불법이민은 우리나라를 죽이고 있다. 그런데도 내가 대선 출정 연설에서 이 문제를 제기하기 전까지 누구도 솔직하게 이야기하지 않았다. 사람들은 "트럼프의 말이 맞아. 지금 당장 불법이민을 막기 위한 조치를 취하지 않으면 나라를 잃고 말 거야"라고 말하는 것이 아니라 "트럼프가 우리 국경의 남쪽에 사는 사람들에게 끔찍한 말을 했어. 그것 때문에 그 사람들이 우리한테 화를 내지 말았으면 좋겠어. 어쩌면 트럼프가 사과할지도 몰라"라고 말했다. 나는 그 이유를 이해한다. 현재의 이민 상황이 위험한 문제임을 인정하고 해결할 길을 찾기보다, 직설적으로 문제를 제기한 나를 비판하는 것이 훨씬 쉽다.

분명히 말한다. 나는 이민을 반대하지 않는다.

우리 어머니는 1918년에 스코틀랜드에서 미국으로 이민을 와 아버지와 결혼했다. 또한 조부모님은 1885년에 독일에서 미국으로 이민을 왔다. 우리 부모님은 누구보다 좋은 사람들이며, 우리 부모님 같은 수백만 명의 사람들이 미국을 훌륭하고 성공적인 나라로 만들었다.

나는 이민을 사랑한다.

이민자들은 이 나라로 와서 열심히 일하고, 성공을 거두고, 자녀를 키우고, 아메리칸 드림을 나누고자 한다. 이는 아름다운 이야기다. 지금도 눈을 감으면 우리 집안의 어른들이 배를 타고 자유의 여신상을 지나 새로운 삶이 있는 뉴욕으로 다가갈 때 어떤 생각을 했을지 상상할 수 있다. 그들이 감수한 위험과 희생의 결과를 볼 수만 있다면 얼마나 좋겠는가! 그 사람들이 가족을 떠나 여기로 올 때 발휘한 용기를 어떻게 인정하지 않을 수 있을까?

내가 좋아하지 않는 것은 불법이민이다.

불법이민을 방치하는 것은 합법적으로 오기 위해 몇 년 동안 기다리는 사람들을 비롯하여 다른 모든 사람에게 불공정한 일이다. 현재 우리나라의 국경을 넘어오는 불법이민의 홍수는 위험한 수준에 이르렀다. 우리는 국경을 지키지 않고 있다. 그래서 어떤 사람들이 넘어왔는지 모른다. 그들이 어디서 왔든 찾을 길이 없다. 그런데도 정부는 아무런 조치도 취하지 않는다. 추정에 따르면 현재 미국에 1,100만 명의 불법이민자가 있다고 한다. 하지만 실제 수치는 아무도 모른다. 추적할 길이 없기 때문이다.

분명한 사실은 일부 불법이민자들이 범죄를 저지른다는 것이다. 2011년에 정부회계감사원Government Accountability Office이 외국인을 체포하여 투옥한 경우가 300만 건에 이른다고 발표했다. 그중 수만 명은 폭력 범죄를 저질렀다. 현재 죄를 짓고 미국 감옥에 갇혀 있는 불법이민자가 35만 1천 명이나 된다. 국경을 무단으로 침입하는 죄를 저지른 사람은 여기에 포함되지도 않았다. 이들을 감옥에 가두는 데 들어가는 비용이 일 년에 10억 달러가 넘는다.

대다수 불법이민자는 더 나은 삶을 만들려는 정직하고, 유순하며, 근면한 사람이라는 사실을 잘 알고 있다. 미국은 가능성으로 넘치는 나라다. 자녀들과 더 나은 삶을 살기 위해 여기로 오고 싶지 않은 사람이 어디 있겠는가? 그러나 불법이민은 정부가 대처해야 하는 문제다. 그러기 위해서는 다른 나라들과 맞서지 않으면 안 된다. 나도 불법이민자들을 안타깝게 여긴다. 일부 국가의 생활 여건은 개탄스럽다.

그래도 불법이민은 중단되어야 한다. 국경을 지키지 못하는 나라는 진짜 나라가 아니다. 우리는 다른 나라의 필요를 우선시하는 이민체계를 가진 유일한 나라다. 이렇게 행동하는 사람을 가리키는 말이 있다. 바로 '바보'다.

나는 멕시코 사람들을 높이 평가한다. 그들은 엄청난 열정을 지녔다. 나도 멕시코 기업가들과 거래를 한 적이 있다. 그러나 멕시코 정부가 우리나라로 보내는 사람들은 기업가가 아니다. 쿠바 난민 사태를 잊은 사람들이 너무 많다. 1980년에 피델 카스트로는 국민들에게 쿠바를 떠나고 싶은 사람은 얼마든지 떠나라고 말했다. 그에 발맞춰 카터 대통령은 오고 싶은 사람들에게 국경을 개방했다. 하지만 카스트로는 카터가 상대하기에 너무나 영리했다. 그는 감옥과 정신병원에 있는 골칫덩이들을 우리나라로 보냈다. 덕분에 우리는 쿠바가 치워버린 질 나쁜 사람들을 떠안아야 했다. 당시 12만 5천 명이 넘는 쿠바 사람들이 우리나라로 넘어왔다. 그중에는 훌륭한 사람도 많았지만 범죄자와 정신질환자도 있었다. 30년이 넘은 지금도 그 후유증이 남아 있다.

이 일을 두고 멕시코 정부, 그리고 같은 맥락에서 모든 중남미 정부가 미국의 태도를 알아차리지 못했다고 믿을 사람이 있을까? 멕시코 정부는 불법으로 국경을 넘는 방법을 설명하는 소책자까지 만들었다. 그러므로 내가 주장하는 바는 이렇다. 문제의 핵심은 더 나은 삶을 바라는 소수가 아니라, 나쁜 행동을 하는 외국 정부와 할 일을 하지 않는 우리의 정치인 및 '지도자'들이다.

누가 이 외국 정부들을 탓할 수 있을까? 나쁜 행동의 대가를 치르지 않고도 질 나쁜 사람들을 치워버릴 수 있는 최선의 길인데 말이다. 그들은 질 나쁜 사람들을 감옥에 넣지 않고 우리나라로 보낸다. 미국으로 온 질 나쁜 사람들은 우리나라에서 마약 문제를 일으키고 다른 범죄를 저지른다. 그중에는 강간범도 있으며, 샌프란시스코에서 발생한 사건에서 확인했듯이 살인범도 있다. 예쁜 아가씨를 총으로 죽인 범인은 다

섯 번이나 멕시코로 추방된 전력이 있었다. 그런데도 멕시코는 그를 감옥에 가두지 않고 우리나라로 보냈다.★

우리가 불법이민으로 치르는 대가는 엄청나다.

불법이민은 중단되어야 한다.

첫 번째로 해야 할 일은 남쪽 국경을 지키는 것이다. 당장 그렇게 해야 한다. 우리는 불법이민의 홍수를 막아야 하며, 장벽을 세우는 것이 최선의 방법이다. 사람들은 불가능하다고 말한다. 그들은 어떻게 국경 전체에 장벽을 세우느냐고 묻는다.

장담컨대 가능하다.

누구도 나보다 장벽을 잘 세우지 못한다. 나는 남쪽 국경에 거대한 장벽을 세울 것이다. 국경 전체에 세울 필요는 없다. 일부 지역에는 이미 물리적 장벽이 있다. 지형적으로 건너기 아주 어려운 지역도 있다. 장벽을 세워야 하는 거리는 아마 1,600킬로미터 정도일 것이다.

1,600킬로미터에 걸쳐서 장벽을 세우는 일은 불가능하다고 말하는 사람들이 있다. 그러나 약 2000년 전에 중국 사람들은 거의 2만 900킬로미터에 걸쳐서 절대 넘을 수 없는 장벽을 세웠다. 만리장성은 거대한 장벽과 건널 수 없는 도랑 및 해자, 거친 자연적 장벽, 그리고 약 2만

★ 2015년 7월 1일 미국 샌프란시스코에서 멕시코 불법체류자인 남성이 관광지를 산책 중이던 여성에게 총을 쏴 숨지게 한 혐의로 체포되었다.

5천 개의 감시탑으로 구성되어 있다. 장담컨대 장벽을 세우는 기술은 2000년 동안 훨씬 발전했다. 중국인들에게 있었지만 우리에게 없는 것은 의지뿐이다. 중국인들은 국경을 지키지 않으면 뒤따르는 위험을 알았기에 행동에 나섰다. 우리는 말만 할 뿐 아무 일도 하지 않는다.

장벽은 효과가 있다. 이스라엘은 1킬로미터 당 200만 달러를 들여서 장벽을 세웠다. 덕분에 테러범들이 넘어오지 못하도록 막는데 큰 효과가 있었다. 아이러니하게도 나의 계획에 반대하는 사람들 중에는 이스라엘의 장벽이 성공적이라고 말하는 사람도 있다. 물론 우리 미국이 중동의 우방인 이스라엘만큼 심각한 테러 위협에 처한 것은 아니다. 그러나 테러와 맞서 싸우는데 장벽의 가치에는 의문의 여지가 없다.

심지어 멕시코조차 불법이민을 막으려고 남쪽 국경에 장벽을 세웠다는 사실을 모르는 사람이 많다.

장벽을 세우는 일은 그렇게 어렵지도 않다. 이미 선례도 있다. 애리조나 주 도시 중 하나인 유마는 국경수비대원들이 차량을 타고 순찰하는 약 70미터 넓이의 황무지를 사이에 두고 3개의 장벽을 세웠다. 카메라와 무선 통신 장비, 레이더, 조명까지 설치했다. 유마 섹터Yuma sector로 알려진 약 190킬로미터의 이 장벽이 세워진 후, 불법으로 국경을 넘으려다 체포되는 사람의 수가 무려 72퍼센트나 줄었다. 내가 세울 장벽은 이보다 훨씬 나을 것이다.

장벽을 세우는 일은 당장 시작해야 한다. 그리고 그 비용은 멕시코가 지불해야 한다.

다시 말하지만 어떤 식이든 멕시코가 비용을 댈 것이다.

어떻게 하냐고? 입국료 내지 임시 비자 발급 수수료를 인상하거나 불법이민자들이 송금한 돈을 압수할 수도 있다. 해당 국가들은 대사관을 통해 협조하지 않으면 우리나라와 관계가 나빠질 것을 감수해야 할 것이다.

필요하다면 관세를 부과하거나, 원조를 줄이거나, 우리나라와 맺은 관계를 통해 큰 혜택을 계속 누리고 싶다면 대가를 지불하라고 딱 부러지게 말할 수도 있다.

어떤 식이든 해당 국가들이 비용을 대야 한다.

사람들이 드나들 수 있도록 장벽에 크고 멋진 문을 다는 것은 상관없다. 단, 합법적으로 드나들어야 한다.

장벽은 부족하나마 좋은 출발점이 될 것이다. 그러나 장벽이 없다면 다른 모든 것들은 정치인들에게 늘상 듣던 낡은 허풍에 불과하다.

우리는 75년이나 이 문제에 매달렸다. 그동안 온갖 해법을 시도했지만 결과적으로 불법이민은 그 어느 때보다 심각해졌다. 그나마 가망성을 보인 한 가지 해법은 아이젠하워 대통령이 남쪽 국경에서 시도한 "밀입국자 체포작전Operation Wetback"이었다. 미국 이민귀화국INS, Immigration and Naturalization Service과 멕시코 정부가 힘을 합친 이 작전은 명칭은 형편없었지만 성공했다. 작전을 위해 만들어진 특별팀이 불법이민자들을 신속하게 처리하여 추방했다. 이 작전이 성공할 수 있었던 이유 중 하나는 멕시코 정부가 체포된 불법이민자들을 넘겨받아서 일자리가 있는 중부 지역으로 보냈기 때문이다. 덕분에 첫 해에 100만 명 이상이 멕시코로 되돌아갔다.

우리에게 필요한 것은 이민체계를 통제할 수 있는 포괄적인 정책이다. 우선 기존 법을 집행해야 한다. 법은 있든지 없든지 둘 중 하나다. 법이 있는데 집행하지 않는 것은 말도 안 되는 일이다. 질 나쁜 사람들이 들어오지 못하도록 막아야 하며 더불어 범죄자들을 쫓아내야 한다. 법을 어기면 쫓겨나야 한다. 간단한 문제다. 왜 범죄자들을 감옥에 가두는 비용을 우리가 대야 하는가? 그들의 나라가 우리에게 넘긴 문제를 그들이 감당하도록 만들자. 그들을 받지 않겠다면 비자 발급을 거부하여 해당 국민들이 합법적으로도 미국을 방문하지 못하게 만들면 된다.

나는 장벽이 세워질 때까지 이민 관련 공무원의 수를 3배로 늘릴 것이다. 그들이 해야 하는 일은 필요한 지원을 모두 받는다 해도 하기 힘들다. 문제는 그런 지원조차 받지 못한다는 것이다. 이렇게 생각해보라. 현재 약 5천 명의 공무원들이 1,100만 명의 불법이민자들을 상대로 법을 집행하고 있다. 반면에 로스앤젤레스 경찰청에는 1만 명, 뉴욕 경찰청에는 3만 5천 명이 일하고 있다. 9 · 11 테러 이후 국경순찰대의 인원을 3배로 늘렸지만 이민법을 집행하는 단속국의 인력은 크게 늘리지 않았다.

직업 정치인들은 전국적인 '전자검증시스템E-verify system'을 갖춰서 고용자들이 합법이민 여부를 파악한 후 사람을 고용할 수 있도록 하겠다고 말한다. 물론 그렇게 하면 우리나라 사람들이 일자리를 빼앗기지 않도록 하는데 도움이 된다. 그러나 착각하지 말자. 우리의 '리더들'은 외국 정부들이 불법이민을 막는 일에 참여하도록 앞장서야 한다. 그저 기업들에게 규제를 가하고 인터넷 검증 시스템만으로 문제를 해결할 수 있다고 생각해서는 안 된다.

연방정부의 법 집행에 협조하지 않고, 사실상 범죄를 조장하는 도시들에 대해서는 연방 지원금을 끊어야 한다. 다시 말하지만, 법이 있다면 집행해야 한다.

또한 비자 규정을 지키는 데 필요한 일들을 해야 한다. 비자를 받아서 합법적으로 입국한 다음 만기가 지난 후에도 그대로 남는 외국인들이 많다. 적발이 되어도 그들에게는 아무런 일이 생기지 않는다. 이런 현실을 바꿔야 한다. 비자 만기를 넘겨서 계속 체류하는 사람들에게 실질적인 형벌을 내려야 한다. 나는 말만 하고 실천하지 않는 정치인들에게 질렸다. 오바마 대통령과 주변 사람들은 편지를 보내고 보도자료를 내는 일은 잘하지만, 말을 듣지 않는 외국 정부에게는 아무 것도 하지 못하는 듯하다.

가장 중요한 일은 소위 출생시민권 혹은 앵커 베이비anchor baby★ 문제를 해결하는 것이다. 미국 시민권은 특별한 권리다. 미국 시민권으로 평생 누릴 수 있는 가치는 측정할 수 없을 정도다. 미국 땅에서 태어난 모든 아이는 자동으로 미국 시민이 되며, 이 아이를 빌미로 가족이 여기에 자리를 잡을 수 있다는 수정헌법 14조★★의 해석은 불법이민자들을 끌어들이는 가장 큰 요소다.

수정헌법 14조는 절대 그런 의도로 만들어진 것이 아니었다. 남북전쟁이 끝난 후 1868년에 비준된 수정헌법 14조의 원래 목적은 해방 노예들에게 헌법에 보장된 모든 권리를 부여하기 위한 것이었다. 진지한 역사가라면 누구도 해방 노예 외에 다른 사람들에게 출생시민권을 준다는 의도로 의회 의사록을 해석할 수는 없다.

1898년이 되어서야 대법원은 수정헌법 14조에 따라 특정한 예를 제외하고 미국 땅에서 태어난 아이에게 시민권을 부여할 수 있다고 판결했다. 대다수 미국인들은 이런 정책을 바꾸고 싶어한다. 민주당 소속인 해리 리드Harry Reid조차 "제정신인 국가라면" 불법이민자의 자녀에게 시민권을 주지는 않을 것이라고 인정했다. 해마다 미국에서 태어나는 불법이민자의 자녀는 약 30만 명으로 추정된다. 이 30만 명의 아이들은

★ 불법체류 중인 외국인 부모가 미국에서 출산해 시민권을 얻게 된 아기를 뜻한다.

★★ 남북전쟁 후 성립된 3개의 헌법 수정 규정(제13조 · 제14조 · 제15조) 중 하나다. 원래는 노예 출신 흑인과 그 후손의 권리를 보장할 목적으로 규정된 것이다. 14조의 1절에서 '미국의 시민'으로서의 신분을 정의하는데, 다음과 같다. "미국에서 태어나거나, 귀화한 자 및 그 사법권에 속하게 된 사람 모두가 미국 시민이며 사는 주 시민이다. 어떤 주도 미국 시민의 특권 또는 면책 권한을 제한하는 법을 만들거나 강제해서는 안 된다. 또한 어떤 주에도 법의 적정 절차 없이 개인의 생명, 자유 또는 재산을 빼앗아서는 안 되며, 그 사법권 범위에서 개인에 대한 법의 동등한 보호를 거부하지 못한다."

엄마가 하루 동안 남쪽 국경을 걸어서 넘어오거나 가짜 문서를 내세우고 다른 나라에서 들어왔기 때문에 미국 시민에게 주어지는 모든 권리와 특혜를 누린다. 심지어 이런 일을 주선하는 업체까지 있다! 임신한 외국 여성이 미국에 와서 출산하여 아이가 자동으로 미국 시민권을 얻도록 하는 것을 '원정 출산'이라고 부른다.

시민권을 이런 식으로 남발해서는 안 된다. 나는 이 정책을 막는 합법적인 방법을 찾을 것이다. 수정헌법 14조가 시민권을 얻는 새로운 길을 열어주려고 만들어진 것이 아니라고 생각하는 사람들이 많다. 우리는 가능한 모든 측면에서 해법을 모색할 것이다. 그리고 법원과 의회에서 승리를 거둘 것이다.

물론 합법이민까지 막자는 말은 아니다. 오히려 나는 중대한 개혁을 통해 이민을 늘리고 싶다. 현행 이민법은 방향이 잘못되어서 미국에 필요한 사람들은 힘들게 만들고, 필요 없는 사람들은 편하게 만든다.

우리나라는 외국에서 태어난 똑똑하고 근면한 사람들을 많이 끌어들인다. 문제는 그들이 법을 지키면서 우리나라에 자리를 잡기가 어렵다는 것이다.

석사학위를 따기 위해 와서 뛰어난 능력을 보여준 사람들이 우리나라에 머물며 기여하고 싶어도 아주 오랜 시간을 기다려야 한다는 사실은 놀랍기 그지없다. 사실 많은 사람들은 차례가 오지도 않는다. 전 세계의 똑똑한 젊은이들이 미국으로 공부를 하러 온다. 그들은 세계 최고의 교육을 받는다. 우리는 우등으로 졸업하는 그들에게 학위와 비행기표를 줄 뿐이다. 그들의 실수는 정직하게 법을 지킨 것 뿐이다. 그들은 미국에 머물고 싶어한다. 그런데도 우리는 그들을 돌려보낸다. 결국 그들은 우리나라에서 얻은 지식을 우리와 경쟁하는데 쓴다.

반면에 범죄자나 미숙련 노동자 혹은 도피범은 우리나라로 몰래 들어와 대부분 혜택을 누리면서 계속 머문다. 이처럼 잘못 집행되는 정책과 거꾸로 된 접근법을 바꿔야 한다. 그래야 이민정책이 미국을 다시 위대하게 만드는 일에 도움이 된다.

나의 이민정책은 대단히 단순하다. 우리나라에 기여할 수 있는 사람들이 합법적으로 오는 일을 쉽게 만드는 것이다. 반면에 범죄자와 다른 사람들이 불법적으로 오지 못하도록 만들어야 한다. 나는 전 세계의 좋은 사람들이 우리나라로 오기를 바란다. 다만 합법적으로 와야 한다. 우리는 그 과정을 앞당기고, 성과와 우수성을 보상할 수 있다. 다만 법적 절차를 존중해야 한다. 허술한 체계를 이용하여 불법으로 들어온 사람들은 절대 주민 혹은 시민으로 혜택을 누리지 못하게 만들어야 한다. 나는 밀입국자나 불법이민자들에게 시민권을 부여하는 모든 조치에 반대한다.

그들은 고국으로 돌아가 줄을 서야 한다.

누가 이런 생각에 동조하는 줄 아는가? 바로 합법적으로 미국에 오고 싶어도 비자를 얻을 수 없거나 쿼터에 걸려서 오지 못하는 상황에서 수백만 명이 불법으로 사는 모습을 보는 멕시코와 중국, 그리고 다른 나라의 사람들이다. 그들은 우리가 왜 나라의 이익에 반하는 일을 하는지 이해하지 못한다.

법이 있어도 집행하지 않으면 없는 것이나 마찬가지다. 그러면 무법 상태가 된다.

우리는 얼마든지 관대해질 수 있고 인간적인 대우를 할 수 있다. 그러나 미국 시민의 안전과 번영을 첫 번째로 생각해야 한다.

우리나라, 우리 국민, 우리 법이 최우선이어야 한다.

C R I P P L E D   A M E R I C A

Part 4

★ ★ ★

외교정책
_평화를 위한 싸움

외교 부문에서 수많은 어려움을 초래한 직업 외교관들은 내가 외교 정책을 다룬 경험이 없다고 말한다. 그들은 외교를 잘하려면 오랜 경험과 결론에 이르기 전에 세부적인 내용을 신중하게 검토하는 능력이 필요하다고 생각한다. 이 고리타분한 관료들은 그 후에야 행동에 나설 것을 고려한다.

하지만 지금 세상이 어떤 상태인지 보라. 점잖게 표현해도 끔찍한 난장판이다.

지금보다 더 위험한 시기는 없었다. 소위 워싱턴 기득권층의 내부자들이 우리를 이 지경으로 만들었다. 그런데 왜 우리가 그들의 말을 계속 들어야 하는가?

이 소위 '전문가들' 중 일부는 나의 접근법이 세상을 더 위험하게 만들 것이라며 겁을 준다. 더 위험해진다고? 무엇보다 더 위험해진다는 것인가? 지금 우리가 처한 상황보다 더 위험하다는 것인가?

내가 아는 바는 이렇다. 지금 우리가 취하는 방식은 더 이상 통하지 않는다. 나는 오래전에 사업을 시작할 때부터 항상 잘 통했던 단순한 접근법을 찾아냈다. 갈수록 수렁이 깊어진다면 파는 일을 중단해야 한다는 것이다.

외교정책에 대한 나의 접근법은 강력한 토대를 구축하는 것, 즉 힘을 통한 운용이다. 그러기 위해서는 절대적으로 강력한 군을 유지해야 한다. 또한 경제력을 통해 우리에게 협력하는 국가에게는 보상하고, 협력하지 않는 국가에게는 처벌하겠다는 의지를 드러내야 한다. 가령 우리의 적을 위해 자금을 세탁하고 테러활동에 쓸 수 있도록 옮겨주는 은행과 금융기관들을 잡아내야 한다. 그리고 우방들과는 호혜적인 연합을 맺어야 한다.

우리가 계속 세계의 경찰 노릇을 하려면 그에 대한 합당한 대가를 받아내야 한다.

루즈벨트 대통령은 "부드럽게 말하는 한편, 커다란 매를 가지고 있어야 한다"라고 말했다. 나는 이익을 지키기 위해 크게 떠들기를 주저한 적이 없다. 솔직히 우리가 전 세계에서 패배하고 있는 양상에 대해 더 크게 말하지 않는 이유를 모르겠다. 크게 말하지 않으면 어떻게 사정이 나아지겠는가? 어떻게 승리를 거두겠는가?

미국은 세계에서 가장 강력한 국가다. 그 사실을 말하기를 두려워해서는 안 된다. 유명한 권투선수인 '아이언' 마이크 타이슨이 자신의 철학을 다음과 같이 설명했다. "한 대 맞기 전에는 누구나 다 이기려는 계산이 있다."

우리가 가장 먼저 할 일은 주먹을 날리는 능력을 기르는 것이다. 얼마가 되든 적절한 군비를 써야 한다. 나는 15년 전에 "뒤처진 예산으로는 군사적 · 외교적 목표를 밀어붙일 수 없다"라고 했다.

군사력을 쓰지 않아도 되는 최선의 방법은 힘을 드러내는 것이다.

우리는 필요하다면 힘을 쓸 것이며, 그 말이 진심임을 알면 세상의 대접이 달라질 것이다.

세상은 우리를 존중할 것이다.

그러나 지금은 아무도 그 말을 믿지 않는다. 중동과 다른 지역에서 나약하기 짝이 없는 군사정책을 취했기 때문이다.

대안을 생각하면 군사력을 키우는 일은 오히려 돈이 덜 든다. 우리는 평화를 사들이고 있으며, 국가안보에 매달리고 있다. 현재 우리의 군사적 상황은 좋지 않다. 군의 규모를 줄이고 있으며, 최고의 장비를 지급하지 않고 있다. 또한 최고의 인재를 모집하지 못하고 있으며, 필요한 수준으로 훈련을 시키지도 못하고 있다. 또한 우리가 보유한 핵무기의 상태에 대한 의문점도 많다. 나는 이런 실태를 다룬 보고서를 읽으면서 충격을 받았다.

그러니 누구도 우리를 존중하지 않는 것이 놀라운 일이 아니다. 우리가 절대 이기지 못하는 것이 놀라운 일이 아니다.

군에 돈을 쓰는 것은 현명한 투자이기도 하다. 군이 보유하는 비행기와 선박, 그리고 모든 장비를 누가 만들까? 바로 미국의 노동자들이다. 군사력을 키우는 일은 민간에 실질적인 자금을 투입하여 수천 명이 다시 일할 수 있도록 만들기 때문에 경제적으로도 타당하다.

군사력을 현대화하는데 드는 비용을 마련하는 다른 방법도 있다. 다른 국가들이 국방을 우리에게 의존한다면, 그 나라들도 우리가 그럴 만한 역량을 갖추도록 기꺼이 도와야 하지 않을까? 우리가 제공하는 인력과 장비에 대한 대가를 기꺼이 지불해야 하지 않을까?

사우디아라비아는 유가에 따라 매일 5억 달러에서 10억 달러 사이를 번다. 우리가 보호해주지 않으면 그들은 그만한 부는 말할 것도 없고, 존재하지도 못할 것이다. 그런데도 우리는 받는 것이 없다. 전혀.

우리는 독일을 지켜준다. 일본을 지켜준다. 한국을 지켜준다. 이 나라들은 강하고 부유하다. 그런데도 우리는 받는 것이 없다.

이 모든 상황을 바꿀 때가 되었다. 이제는 다시 이겨야 한다.

현재 북한을 바로 두고 있는 한국의 국경에는 2만 8,500명의 우리의 훌륭한 미군들이 있다. 그들은 매일 위험을 안고 산다. 오직 그들만이 한국을 지켜준다. 그런데 우리는 그 대가로 한국에게서 무엇을 받는가? 그들은 우리에게 상품을 판다. 좋은 이윤을 남기면서 말이다. 그들은 우리와 경쟁한다.

우리가 이라크에서 무슨 일을 했는지 모르지만, 어쨌든 2조 달러를 썼다. 지금도 왜 그랬는지 이해할 수 없지만 말이다. 이라크는 유전을 깔고 앉아 있다. 그들이 자신의 미래를 위해 기여해야 한다는 말이 선을 넘은 것일까? 우리는 이라크 국민들에게 약간의 안정을 제공하기 위해 피를 흘리고 돈을 썼다. 그렇다면 그들을 위해 싸운 우리의 군을 재건하는 일을 기꺼이 도와야 하지 않을까?

사담 후세인이 쿠웨이트를 침공하자 부유한 쿠웨이트인들은 모두 파리로 도망쳤다. 그들은 고급 객실을 빌리는 정도가 아니라 아예 호텔 전체를 차지하고 앉아, 나라가 점령당하는 사이에 왕처럼 생활했다.

그들이 누구에게 도움을 청했을까? 누구겠는가? 국제 호구, 바로 우리다.

우리는 쿠웨이트를 되찾기 위한 파병에 수십억 달러를 들였다. 우리 군인들이 죽고 다친 덕분에 이라크군은 철수했다.

전쟁이 끝나고 약 두 달 후에 몇 명의 쿠웨이트인들이 협상을 하러 내 사무실로 왔다. 그들은 한 푼도 손해를 보지 않으려 했다. 그들은 내게 이렇게 말했다. "미국에는 투자할 생각이 없습니다. 미국을 존중하지만 다른 곳에 투자하고 싶군요."

바로 얼마 전에 우리가 나라를 되찾아 줬는데도 말이다!

우리 젊은이들이 대신 싸워주는 동안 그들은 파리의 최고급 호텔방에서 텔레비전을 보고 있었다. 그런데도 우리나라에 투자를 하고 싶지 않다고?

우리는 얼마나 멍청한가?

왜 나라를 되찾아주는 대가를 치르도록 협상을 하지 않았는가? 그들은 무엇이든 지불했을 것이다.

요점은 우리가 다른 나라들을 지켜주려고 수조 달러를 쓴다는 것이다. 남의 전쟁을 대신하는 특혜를 위해 대가를 치르고 있다. 나로서는 도무지 이해할 수 없는 일이다.

이제야말로 다른 나라들이 공정한 대가를 지불할 때가 되었다. 내 생각을 말하자면 그들은 반드시 지불하게 될 것이다!

외교정책과 관련하여 사람들이 던지는 가장 중대한 질문은 어느 시점에 군을 투입해야 하는지다. 군대를 동원하는 일을 두려워해서는 안 된다. 그러나 우리의 젊은이들을 파병하는 일은 최후의 수단이 되어야 한다. 나는 전쟁이 우리 아이들에게 한 짓을 보았다. 나는 그들의 부서진 몸을 보았다. 나는 그들을 사로잡은 공포와 트라우마의 엄청난 영향을 안다. 실질적이고 가시적인 목표 없이 파병을 해서는 안 된다.

내가 가진 교전수칙은 항상 간단했다. 분쟁에 개입하려면 국가적 이익에 직접적인 위협이 있어야 한다. 또한 이 위협은 대단히 명백해서 대다수 국민들이 분쟁지역이 어디인지 알고, 우리가 개입하는 이유를 바로 이해할 수 있어야 한다. 그리고 승리를 거둔 후 빠져나올 수 있도록 긴밀한 계획이 마련되어야 한다.

다시 말해서 나의 전략은 우리가 이라크에 들어갈 때 취한 전략과 정반대일 것이다.

이라크는 우리에게 아무런 위협이 되지 않는다. 국민들은 왜 부시 정부가 이라크를 공격하기로 결정했는지 아직도 이해하지 못한다. 그래서 우리의 똑똑한 전략가들은 정보보고서를 왜곡하여 침공할 이유를 꾸며내야 했다. 그 근거는 후세인이 만들었다는 대량학살무기였다. 우리에게는 승리를 거두고 떠나기 위한 계획이 없었다(혹은 있더라도 대단히 잘못된 계획만 있었다). 나는 전쟁을 시작하기 전부터 강력하게 반대하고 나섰다. 내가 보기에는 전혀 말이 되지 않는 일이었다. 당시 나는 우리의 개입이 재난을 부를 것이며, 중동의 안정을 해칠 것이라고 말했다. 또한 이라크가 견제하지 않으면 이란이 중동을 접수하려 들 것이라고 말했다.

내가 말한 그대로 일이 벌어졌다.

대규모 군사력이 필요한 지역도 있다. ISIS★의 위협은 실질적이다. 우리는 이 새로운 적을 막아야 한다. 지체할수록 그들은 더 위험해진다. 또 다른 9 · 11 테러가 일어나야만 그들이 우리를 죽이려 들며, 사악한 테러조직이 커지지 않도록 막기 위한 조치가 미흡하다는 사실을 알 수 있는 것은 아니다. 언론보도와 영상들은 우리가 어떤 인간들을 상대하는지 말해준다. ISIS는 강간과 납치를 일삼고 민간인들을 줄지어 참수한다. 게다가 화학무기를 쓴다는 강력한 증거도 있다.

이제는 진지하게 대응에 나설 때가 되었다. 이기기 위해 싸우지 않으면 계속 참패할 뿐이다.

안타깝게도 ISIS와 싸우려면 지상 병력을 투입해야 할 수도 있다. 우리의 전략을 알릴 필요는 없다(사실 오바마 대통령이 저지른 가장 어리석은

★ Islamic State of Iraq and Syria. 우리나라에는 'IS(Islamic State)'로 알려져 있는 이슬람 극단주의 무장단체 세력을 지칭한다. 전 세계적으로 이 단체를 표기할 때 'ISIS' 'IS' 'ISIL(Islamic State of Iraq and the Levant)' 'UINS(Un-Islamic Non-state)'를 혼용해 표기하고 있다. 미국과 UN 등은 '이슬람 국가(Islamic State)'를 국가로 인정하지 않고 있기 때문에 'IS'라는 표현은 사용하지 않고, ISIS나 ISIL이라고 한다.

실수는 이라크와 아프가니스탄에서 병력을 철수하는 시간을 발표한 것이다). 군사자문을 받아야 하겠지만 충분한 지상 병력을 투입할 수도 있을 것이다. 또한 항공 작전을 확대하여 ISIS가 어디서도 그들이 안전하게 대피하지 못하도록 만들 수 있다. 그러나 단지 전장에서 '자문' 역할만 하려는 정책은 명백히 실패했다.

나는 우리가 취할 행동에 대한 독특한 관점이 있다. ISIS는 우리의 가장 난폭한 적이지만, 이라크와 시리아에서 우리가 장악했어야 할 유전들을 갖게 되었다. 그들은 납치와 강탈로 얻은 자금과 이 유전들에서 확보한 자금으로 군대를 유지한다. 나는 이 유전들을 사정없이 폭격하여 자금줄을 끊어야 한다고 주장해왔다. 그래도 세계적인 석유 공급량에는 거의 영향이 없다. 반면에 그들이 테러활동에 필요한 자금을 확보하는 능력은 크게 약화시킬 수 있다.

우리는 이 유전들을 장악해야 한다. 그들의 자금줄이기 때문이다. 무슨 일이 벌어지고 있는지 모르도록, 아주 강하고 빠르게 온갖 방식으로 타격을 가해야 한다. 그리고 ISIS가 더는 위협이 되지 않도록 거듭 타격을 가해야 한다.

달리 선택지가 없다. 그들은 중세의 야만인들이다. 그들은 사람의 머리를 자르고, 물에 빠트려 죽이고, 고문을 자행한다. 그들이 어디서든 안전한 본거지를 마련하도록 놔두어서는 안 된다.

ISIS의 병사는 상대적으로 적다. 우리 정보기관의 추정치에 따르면 그

수가 3만 명에서 5만 명에 불과하다. 이 수치를 보면 사람들은 대개 놀란다. ISIS가 공포를 조장하는 일을 너무나 잘한 나머지 사람들은 병력이 훨씬 많은 줄 안다. 실제로는 그렇지 않다. ISIS의 전체 병력을 넣어도 아마 양키 스터디움을 채우지 못할 것이다. 그들을 물리치려면 어디든 끈질기게 쫓아가서 모조리 죽을 때까지 멈추지 않겠다는 진정한 결의가 필요하다. 또한 그 과정에서 다른 나라들도 돕도록 만들어야 한다.

이란 문제는 훨씬 복잡하다.

나는 오바마 대통령이 잘못하면 비판을 서슴지 않는다. 그는 2008년에 대선에 나섰을 때 이렇게 옳은 말을 했다. "이란은 커다란 위협입니다. 이란은 불법적으로 핵무기를 개발하고, 해당 지역의 테러단체와 이라크의 민병대를 지원하고, 이스라엘의 존재를 위협하며, 홀로코스트를 부정합니다."

그런데 왜 이란이 재정적 어려움을 겪고 있을 때 핵 협상을 타결지어서 테러활동에 쓸 수십억 달러의 자산을 풀어주는가? 도무지 말이 안 되는 일이다.

이란은 광신도들이 장악하기 전까지는 강력한 나라였다. 광신도들이 이란의 권력을 쥐고 있는 한 우리의 적으로서 이스라엘의 존재를 위협할 것이다. 그들의 최고 지도자인 아야톨라 하메네이는 25년 안에 이스라엘을 없애겠다고 약속했다. 우리는 이 위협을 진지하게 받아들이고 적절하게 대응해야 한다.

나는 언제나 유태인들을 좋아했으며, 우리가 이스라엘과 맺은 특수 관계를 지지했다. 차기 대통령은 두 나라의 전통적인 동맹관계를 복원해야 한다. 우리는 이스라엘을 위해 나섰으며, 앞으로도 그럴 것이다. 이스라엘은 중동에서 유일하게 안정된 민주주의 국가이기 때문이다. 또한 공정한 통상 파트너이자 의료, 통신, 기술, 에너지 개발 부문에서 향후에 같이 혜택을 누릴 공동 개척자다.

현재 이란과 우리를 나누는 지리적 거리는 잠정적인 장애물에 불과하다. 우리나라까지 도달할 수 있는 미사일을 개발한다면 그들은 훨씬 큰 위협이 될 것이다. 다른 한편 그들은 전 세계에 걸쳐 테러집단들을 지원한다. 이 집단들은 우리나라, 그리고 해외에서 복무하는 우리 군에게 실질적인 위협이다. 우리의 적은 이제 대규모 군대나 10억 달러짜리 미사일 체계가 없어도 미국을 공격할 수 있다. 기술 발전으로 한두 명의 테러범도 끔찍한 피해를 입힐 수 있다. 이란이 이러한 살인자들을 지원하지 못하도록 막아야 한다.

그러나 정작 우리는 계속 지고 있다.

오바마 대통령이 이란과 맺은 합의는 역대 최악이었다. 어떤 합의도 그보다 나쁠 수는 없을 것이다.

이란은 고립된 채 제재조치로 고통받고 있었다. 그런데도 오바마 대통령은 정치적 '유산'을 협상에 걸어버렸다. 이란의 지도자들은 오바마 대통령이 더욱 무능력하게 보이지 않으려면 합의를 이끌어내야 한다는 사실을 알았다. 그래서 그를 옭아맬 수 있었다.

얼마나 수치스런 일인가.

이 협상은 모든 것이 잘못되었다. 이란이 협상에 나서도록 만든 제재조치를 거둘 것이 아니라 2배, 3배로 강화했어야 마땅하다.

협상의 기본 전략을 명심하라. 합의가 간절한 쪽이 더 적게 얻기 마련이다.

나라면 사정이 너무 나빠서 이란의 지도자들이 협상을 구걸할 수밖에 없도록 제재조치를 강화했을 것이다.

또한 감옥에 갇혀 있는 4명의 미국인을 석방하는 것부터 시작하여 무조건 받아들여야 하는 조건들을 내걸었을 것이다.

모든 핵시설을 완전히 해체하게 하고, 모든 원심분리기를 파괴하며, 언제 어디서든 현장 사찰을 허용하는 조건이 아니면 절대 합의하지 않았을 것이다.

우리는 이 중 하나도 얻어내지 못했다. 게다가 동결했던 수십억 달러어치의 자산까지 풀어주었다.

말 그대로 형편없는 합의 내용을 받아주는 조건으로 돈까지 내준 셈이다. 이것은 내가 허드슨 강을 따라 전망이 탁 트인 웅장한 고층건물을 지으려고 협상에 나섰다가, 고작 벽을 마주보는 3층짜리 건물을 지을 수 있는 승인을 받은 것이나 마찬가지다.

이란은 원하는 바(자산 동결 해제)를 얻어냈고, 그 대가로 커다란 양보를 한 것처럼 보인다. 그러나 사실은 합의 내용에 허점이 너무 많아서 실질적으로 강제하기가 거의 불가능하다.

이란이 세계를 속이고 핵무기를 개발할 가능성은 여전히 높다. 그들이 우리 혹은 국제원자력기구의 사찰을 거부해도 군사행동을 취하는 것 외에는 다른 방도가 없다. 제재조치를 취했던 나라들 사이의 연합은 끝났다. 이스라엘을 전혀 신경 쓰지 않는 이 나라들은 부가합의서의 잉크가 마르기도 전에 이란과 사업 이야기를 하고 있다.

또한 오바마 대통령은 의회가 합의 내용을 살피지 못하도록 막고 있다. 새로운 이란의 '파트너들'이 돈을 벌기 시작하면 제재조치를 되살릴 길이 없다.

안타깝게도 협상은 끝났다. 제재조치를 해제하면 '복원'할 수 있는 길이 없다. 일방적으로 제재조치를 되살리는 것은 별로 도움이 되지 않을 것이다. 나는 계약서를 읽는데 특히 뛰어나다. 허점은 항상 있기 마련이다. 우리는 그 허점을 찾아내야 하며, 필요하다면 그들은 거액을 지불하게 될 것이다.

어떤 대가를 치르든, 어떤 조치를 취하든 이란이 핵무기를 만들도록 두어서는 안 된다.

이란이 핵무장을 하지 못하게 막는 여러 가지 방법이 있다. 나는 이란의 지도자들과 기꺼이 협상에 나설 것이다. 그들이 문명사회의 주요 참여자가 되고 싶다면 핵무기 개발 계획을 완전히 포기하는 것이 최선의 길임을 알기만 한다면 말이다. 이란이 핵무기를 개발하면 중동에서 핵무장 경쟁이 시작되어 파국적인 대가를 치르게 될지도 모른다. 상황은 걷잡을 수 없이 악화되고, 이스라엘은 그 어느 때보다 위험한 상황에 처할 것이다. 그렇게 되면 우리는 이스라엘과 다른 우방을 지키기 위해 극단적인 조치를 취할 수밖에 없을지도 모른다.

이란이 지금 무슨 생각을 하든 그런 일은 일어나지 않을 것이다.

오늘날 세계는 중국의 두 '얼굴'을 상대해야 한다.

좋은 중국은 거대한 도시들을 만들고 수백만 명에게 주택과 교육을 제공한다. 또한 시민들이 세계를 여행하고 교육을 받도록 허용하며, 중산층이 늘어나도록 만들었다.

나쁜 중국은 외부자들에게 거의 가려져 있다. 나쁜 중국은 시민들이 인터넷에 자유롭게 접근하지 못하도록 통제하고, 정치적 반대자들을 탄압하고, 신문을 폐간시키고, 반대자들을 투옥하고, 개인의 자유를 제한하고, 사이버공격을 자행하며, 세계적인 영향력을 이용하여 경제를 조작한다.

그리고 그 사이에 중국은 군사력을 키워나가고 있다.

러시아와 더불어 중국을 상대하는 것이 우리에게 가장 큰 장기적 과제가 될 것이라는 데는 의문의 여지가 없다.

현재 우리는 경제적인 측면에서 중국과 경쟁하고 있으며, 오랫동안

이 싸움에서 패배했다. 중국은 우리의 이웃인 캐나다와 멕시코에 이어 3번째로 큰 교역 상대국이 되었다. 또한 일본이 근접하기는 했지만 다른 어떤 나라보다 많은 1.5조 달러가 넘는 우리 국채를 보유하고 있다. 2015년 여름에 중국 증시가 폭락할 때 확인할 수 있었던 것처럼 우리와 중국의 경제는 대단히 부정적인 방식으로 긴밀하게 연계되어 있다.

오래전에 "GM이 재채기를 하면 증시가 감기에 걸린다"라는 말이 있었다. 당시에는 GM이 전체 경제에서 대단히 큰 비중을 차지했다. 그래서 GM이 흔들리면 경제 전체가 고통을 겪었다. 근래에 중국 증시가 폭락하면서 투자자들이 빠져나가는 바람에 다우평균지수도 며칠 만에 1000포인트나 떨어졌다. 마찬가지로 무역적자도 우리 경제에 상당한 부담이 되었다. 중국이 위안화의 가치를 낮추면 이미 취약한 무역수지가 더욱 흔들린다.

우리가 부상하는 중국 시장에 의존하게 되었다는 사실은 익히 알려져 있다. 그러나 그들도 우리에게 의존한다. 2014년에 우리는 전 세계 어느 나라보다 17퍼센트나 많은 중국산 제품을 수입했다. 중국에 속해 있는 홍콩이 2위, 일본이 차이가 많이 나는 3위였다. 중국 경제의 건강은 우리에게 달려 있다. 우리가 그들을 필요로 하는 것보다 더, 그들이 우리를 필요로 한다.

그런데 멍청하게도 우리는 그런 우위를 활용하지 않는다.

근래에 더뎌지는 경향이 드러나기는 했지만 지난 수십 년 동안 중국

경제는 연간 9퍼센트에서 10퍼센트에 이르는 기록적인 성장을 했다. 경제학자들은 근래의 부진에도 불구하고 향후 10년 안에 중국이 미국을 따돌리고 세계 최대 경제권이 될 것으로 예측한다. 이런 판국에 우리는 중국과 경쟁하기 위해 어떤 일들을 했나? 중국을 이기기 위해 어떤 일들을 했나?

우리는 중국에게 나가떨어졌다.

중국을 적으로 지칭하지 않기를 바라는 사람들이 있다. 그러나 현실이 그러하다. 중국은 저임금 노동력을 활용하여 여러 산업을 파괴했고, 수만 개의 일자리를 사라지게 만들었고, 우리 기업들을 염탐했고, 우리의 기술을 훔쳤으며, 화폐 가치를 낮춰서 때로는 수입이 불가능할 정도로 우리 제품의 경쟁력을 떨어뜨렸다.

나는 개인적인 경험을 통해 중국이 어려운 상대임을 잘 알고 있다. 중국인들은 대단히 수완 좋은 사업가들이며, 우리의 제조사들보다 훨씬 뛰어난 강점이 있다. 솔직히 나도 트럼프 브랜드를 단 제품들을 중국에서 만든다.

이는 정치인과 사업가의 차이를 말해주는 좋은 사례다. 사업을 유지하려면 경쟁자보다 똑똑해야 한다. 중국에서 제품을 생산하지 않겠다고 결정했다면 아주 중요한 입장 표명이 되었을 것이다.

이런 조건에서 활동하는 한 미국 기업들에게는 선택의 여지가 없다. 제3세계 국가들은 생산비가 아주 낮다. 간접비가 적고 노동자들에게 훨씬 적은 임금을 주기 때문이다. 나는 기업가로서 모든 직원과 소비자, 그리고 주주들에게 가능한 한 낮은 가격으로 최고의 제품을 만들 책임을 진다.

그러나 국제정책 측면에서 보자면 우리는 중국의 우위를 빼앗아야 한다. 작년에 오바마 대통령이 방문했을 때 중국은 멋진 연회를 열어주었다. 시진핑 주석이 답방을 하기 전에 백악관은 화려한 만찬을 연다는 계획을 발표했다. 나는 절대 시진핑 주석의 명예를 위해 국빈만찬을 열지 않겠다는 입장을 밝혔다. 나라면 비즈니스 문제를 다룰 때가 되었음을 알리고 일을 했을 것이다. 우선 중국은 화폐를 절하하는 일을 중단해야 한다. 다른 나라들이 경쟁하기가 더욱 어려워지기 때문이다.

현실적으로 우리에게 중국이 필요한 만큼, 중국에게도 강한 미국 경제가 필요하다. 가령 2015년 5월에 중국이 수출한 5달러어치의 제품 중에서 1달러어치를 미국인들이 사주었다. 즉 중국이 수출하는 제품의 거의 20퍼센트를 우리가 사들이는 것이다. 이는 두 번째로 큰 고객인 유럽연합보다 훨씬 많은 수치다. 게다가 미국이 차지하는 비중은 해마다 늘어나고 있다. 결국 중국은 번영을 이루기 위해 갈수록 미국 소비자들에게 의존할 수밖에 없다.

스티브 포브스Steve Forbes가 잡지에서 다음과 같이 말했다. "2013년에 기록적인 수준에 이른 중국의 미 국채 보유량은 경종을 울리고 있다. 그래서는 안 된다. 이런 현실은 중국이 힘과 번영을 얻기 위해 미국과 다른 나라에 더욱 의존하고 있음을 말해준다."

명심하라. 우리에게 중국이 필요한 만큼, 중국에게도 우리가 필요하다.

어쩌면 중국이 우리를 더 필요로 할지도 모른다.

그렇다면 우리는 어떻게 해야 할까? 이 지렛대를 활용하여 우리에게 유리하도록 상황을 바꿔야 한다. 우선 강한 모습으로 중국을 대해야 한다. 나는 중국 기업들과 협상을 한 적이 있다. 그래서 그들이 어떤 식으로 사업을 하는지 안다. 내가 소유한 트럼프 타워에는 중국 최대 은행이 입주해 있다. 우리는 수많은 임대계약을 성사시켰다. 언제나 일이 쉬웠던 것은 아니다. 그들이 유능한 사람들인 것은 맞지만, 나도 결코 물러서지 않았다.

장담컨대 나는 미국 최고의 협상가들을 안다. 그들 중 다수는 공정한 무역수지를 만들기 위해 일할 준비가 되어 있다. 칼 아이칸Carl Icahn★ 같은 사람들이 미국을 대표한다면 교역정책에 큰 변화가 일어날 것이라 생각한다.

우리는 대단히 강력한 패를 쥐고 있다. 그러나 안타깝게도 정치인들은 너무 멍청하거나 어리석어서 이 사실을 알지 못한다. 어쩌면 양쪽 모두에 해당할지도 모른다. 우리에게는 여러 가지 좋은 대안이 있다.

★ 미국의 억만장자 투자자이며, 행동주의 투자자이다.

언제나 유연하게 대처하면서 절대 패를 보여주지 않는 것이 중요하다. 우리 정치인들은 말을 너무 많이 한다.

오바마 대통령은 강력한 발언을 하면서 적극적인 대응을 약속하지만 아무런 일도 일어나지 않는다.

이렇게 공약을 남발하면서 절대 따르지 않으면 어떤 일이 생길까? 신뢰를 잃게 된다. 대통령이 중동에 대한 계획을 털어놓거나 적들이 선을 넘도록 부추긴다는 사실을 알면 맥아더나 패튼 같은 위대한 장군들이 무슨 말을 할지 궁금하다.

근래에 내가 어떻게 나올지 "종잡을 수 없다"는 어느 기업가의 말을 인용한 아주 좋은 기사가 나왔다. 그는 이러한 점이 내가 가진 장점 중 하나이며, 큰돈을 버는 데 도움이 되었다고 말했다. 이제 많은 전문가들의 예측과 달리 대선에 나선 지금 시점에, 이 장점은 비판론자들이 나의 메시지를 반박하는 방법을 찾는데 큰 어려움을 주고 있다. 그들은 모두 기존의 규칙을 따르고, 예측할 수 있는 단계를 밟으며, 통념에 맞추려고 노력하면서 온순하게 경기를 하느라 바쁘다. 그러나 나는 그런 식으로 행동하지 않기 때문에, 그들은 나를 어떻게 대응해야 할지 알 수 없게 된 것이다.

패를 드러내는 것은 군사적 충돌에서 저지르지 말아야 하는 아주 멍청한 실수다. 나는 지금까지 역사서를 많이 읽었다. 그 속에서 조지 워싱턴 장군이 밸리 포지Valley Forge에 호텔예약을 했다거나 트렌턴Trenton

에 주둔하는 독일 용병들에게 미리 안부인사를 전했다는 이야기를 읽은 기억이 없다. 기습은 승리를 안긴다. 나는 무엇을 할지 말하지 않고, 경고를 보내지 않으며, 예측 가능한 패턴을 드러내지 않는다. 나는 무슨 행동을 할지, 혹은 생각을 하는지 드러내고 싶지 않다. 나는 예측하기 어려운 사람이 되는 것이 좋다.

그래야 상대를 흔들 수 있기 때문이다.

또한 나는 리더로서 패를 숨겨야 할 때가 있다는 사실을 안다. 가령 고층건물을 지을 부지를 확보할 때 조금씩 매입해서 하나의 크고 가치 있는 부지로 합친다. 이때 기밀을 유지하는 일이 반드시 필요하다. 내가 하려는 일을 땅주인들이 알면 훨씬 많은 돈을 받아내려 할 것이기 때문이다.

요점은, 현재 우리가 말을 너무 많이 한다는 것이다.

중국을 상대할 때는 당당하게 맞서야 한다. 최고의 고객을 이용하려는 짓거리는 장사에 도움이 되지 않는다는 사실을 상기시켜야 한다. 그래야 보다 공평한 관계를 만드는 길을 함께 상의할 수 있다.

만능 외교정책은 없다. 우리는 신념을 명확하게 정립하고, 그것을 정책의 토대로 삼아야 한다.

모든 것은 강한 군대로부터 시작된다. 모든 것이 말이다.

우리는 역사상 가장 강력한 군대를 만들 것이며, 우리 군인들은 최고의 무기와 보호장비를 갖추게 될 것이다.

이것이 핵심이다.

우리는 최고의 미사일 체계와 최고의 사이버전 훈련 및 장비, 그리고 최고로 훈련을 받은 군인들을 갖추게 될 것이다. 그리고 전쟁에서 부상을 입은 채 돌아오는 병사들이 몇 달씩 기다려서 치료를 받는 일은 없을 것이다.

나라를 위해 복무한 군인들은 최고 수준의 치료를 신속하게 받을 권리가 있다. 우리 재향군인들이 마땅히 받아야 할 도움을 받기 위해 오래 기다려야 한다는 것은 말도 안 된다. 그들은 우리의 영웅이다. 현 정부는 이 사실을 잊고 있다.

그렇다면 어떻게 판도를 바꿔서 다시 이길 수 있을까?

앞서 말한 대로 이 일은 세계에서 가장 앞서 있고 강력한 동시에 기동력이 뛰어난 군대로부터 시작된다. 이런 변화를 이루는 데 필요한 일부 비용을 사우디아라비아, 한국, 독일, 일본, 영국에 넘겨야 한다. 우리가 그들을 보호하고 있으니 비용을 나누는 것이 마땅하다.

그다음 우리가 지닌 경제력을 바탕으로 삼아야 한다. 우리는 세계에서 가장 강력한 소비 엔진을 갖추고 있다. 이 힘을 제대로 활용할 필요가 있다.

나는 그 누구보다 사업을 좋아한다. 내가 하는 모든 거래는 오직 하나의 목표를 추구할 것이다. 바로 '미국의 승리'이다.

우리는 미국의 시장과 소비자가 지닌 경제력을 활용하여 친구들을 돕고, 적들에게 협력의 혜택을 상기시켜야 한다.

또한 이 힘을 활용하여 우방과 더욱 강력한 연합관계를 맺되 필요할 때 도움을 받아야 한다. 나는 지금도 푸틴이 우크라이나로 진군할 때 독일과 다른 나라들이 왜 가만히 보고만 있었는지 이해할 수 없다. 이스라엘은 중동에서 우리와 함께 당당하게 나설 믿을 만한 우방이다.

끝으로 중국에 특별한 주의를 기울여야 한다. 그들이 보호주의 정책과 사이버 도둑질로 우리를 약하게 만들던 시절은 끝났다.

미국의 새로운 여명이 이제 막 시작되었다.

CRIPPLED AMERICA

Part 5

★ ★ ★

교육 _낙제점

나의 아버지는 대학을 졸업하지 못했다. 사업을 일구느라 너무 바빴기 때문이다. 그래도 아버지는 교육의 가치를 알았다. 부동산 사업을 크게 키워서 많은 돈을 벌었음에도, 대학을 나온 사람들을 존중했다. 숙부인 존은 아버지의 도움으로 콜럼비아 대학에서 물리학 석사학위를 받았고, 최고 명문대 중 하나인 MIT에서 박사학위를 받았다. 그리고 MIT의 유명 교수가 되어 암 환자들의 생명을 구하는 데 사용되는 초기 고전압 엑스선 발생기를 발명했다. 제2차 세계대전 때는 레이더를 개발하는데 중요한 역할을 했다. 트루먼 대통령은 숙부에게 대통령 공로장을 수여했다. 국가과학상도 받았다.

나는 아버지와 숙부에게 일과 좋은 교육의 가치를 배웠다. 또한 개인적인 경험을 통해 이 두 가지를 합하면 어떤 일이 생기는지 배웠다. 나는 개인적으로 미국 최고의 경영대학원이라고 생각하며, 대단히 들어가기 어려운 와튼스쿨을 다녔다.

직업 정치인들도 동의할 한 가지 사실이 있다. 바로 교육은 좋은 것이라는 사실이다. 정치인이라면 누구나 이 말에 동의할 것이다. 문제는 대다수 미국 아이들에게 가능한 최선의 교육을 제공하는 방법을 찾는 것이다.

현실은 그렇지 않기 때문이다.

소위 리더들이라고 하는 사람들이 망친 다른 많은 부문처럼 미국의 교육체계는 무너지고 있다. 교육 부문에서 미국의 순위는 세계에서 26

번째다. 26위! 참으로 부끄러운 일이다. 우리는 1인당 기준으로 다른 어떤 나라보다 많은 돈을 교육에 쓴다. 그러나 선진국에 속하는 25개 나라가 우리보다 더 나은 교육을 아이들에게 제공한다. 이는 그냥 지나칠 수 없는 문제다.

부분적인 문제는 정치인들에게 있다! 하향식 만능 접근법으로 국가적 교육체계를 운영할 수는 없다. 각 주와 시는 아이들을 가장 잘 가르치기 위한 나름의 결정을 내리고 있다. 지금까지 연방 교육부는 교육정책을 너무 오랫동안 좌우했다. 그런 일은 중단되어야 한다. 이제 공통교육과정은 통하지 않는다.

많은 사람들이 교육부를 없애야 한다고 생각한다. 없애는 것이 맞다. 완전히 없애지 않는다면 적어도 인력과 영향력을 줄여야 한다. 교육은 지역에서 맡아야 한다. 공통교육과정, 낙제학생방지법, 교육혁신 장려 정책은 모두 부모와 지역 학교위원회로부터 결정권을 앗아간다. 또한 교육부의 진보파들이 아이들을 교육하는 것이 아니라 세뇌하도록 만든다. 그들이 하는 일은 미국식 국가운영과 맞지 않는다.

나는 이 정책들과 교육부에 반대한다. 이 정책들은 재난이다. 우리나라의 미래인 아이들을 계속 망칠 수는 없다.

나는 군사학교인 뉴욕군사학교에 다녔다. 이 학교는 아주 힘든 곳이다. 사방에 군 교관 출신들이 있었다. 그들은 항상 고함을 질렀고, 무엇보다 싸우기를 좋아했다! 우리 교관은 학습부터 개인 위생까지 모든 것을 다그쳤다. 나는 미국의 역사를 배웠으며, 옷을 깔끔하게 접어서 차곡차곡 쌓는 법을 배웠다. 살면서 크게 써먹을 수 있는 기술은 아니었지만 절제와 집중, 그리고 독립심을 기르는데 도움이 되었다.

기본적인 규칙은 아주 단순했다. 바로 제대로 하고, 그렇지 않으면 다시 한다는 것이었다. 한 동창은 인터뷰에서 이렇게 말했다. "우리 학교는 리더가 되는 법을 가르칩니다. 실패를 담대하게 받아들이는 법을 가르치죠… 정직함과 솔직함이 규칙이었습니다. 우리는 거짓말을 하거나, 속임수를 쓰거나, 훔치지 말아야 하며, 그런 행동을 용인하지 말아야 한다는 것을 배웠습니다."

아마 내가 지금까지 정치인이 되지 않았던 이유가 바로 이것인지도 모른다!

우리의 국가적 교육체계는 읽기와 쓰기, 산수, 역사, 과학에 한정되어서는 안 된다. 그보다는 세상에 나가 성공할 수 있도록 두루 자질을 갖춘 학생들을 육성해야 한다. 지식에 더하여 기본적인 가치관, 자제력, 생활능력을 갖추고 졸업할 수 있도록 해야 한다. 약간의 상식도 배워서 나쁠 것이 없다. 그러나 우리 학교들은 이런 것들을 더 이상 가르치지 않는다. 대신 현실의 삶을 살아갈 대비를 하는데 있어 자존감을 갖고, 실제보다 자신을 부풀리도록 만드는 일에 더 신경을 쓴다. 정치적 공정성을 따지는 사람들이 우리의 학교를 장악했으며, 그 결과 아이들을 망치고 있다. 뭔가 조치를 취하지 않으면 잘못된 교육을 받은 아이들이 미국을 망칠 것이다. 교육자들은 아이들이 낙제하면 실망할까 걱정한다. 하지만 아이들을 기쁘게 만드는 일이 무엇인지 아는가?

이기는 것이다.

성공하는 것이다.

우리는 최저 수준으로 교육과정을 낮추었다. 많은 학교에서는 아예 등급평가를 없애버렸고, 졸업장은 사실상 출석인증서로 격하되었다.

우리의 학교, 교사, 아이들은 더 많은 일을 할 수 있다. 훨씬 더 많은 일을 말이다.

문제는 우리가 쉬운 길을 택하고 있다는 것이다. 기준을 높이고 더 많은 것을 요구하는 것이 아니라, 더 적은 것을 기대한다. 우리는 더 강해져야 한다. 자존감 따위는 잊어라. 우리는 아이들이 도전하도록 만들어야 한다. 열심히 노력하지 않으면 실패하도록 만들어야 한다.

사업에 성공한 사람들은 모두 수많은 실패를 견뎌낸다. 그래도 강하기에 다시 일어나 거듭 시도하는 것이다. 성공하려면 끈기가 필요하다는 사실을 아이들이 배워야 한다. 진정한 자존감은 난관을 극복하고 더 나아지기 위한 과정의 어려움을 견디는 데서 나온다.

지금 일부 교사와 학교 관리자들은 학생들이 낙담할까 봐 혹은 너무 힘들게 한다고 학부모들이 불평할까 봐 더 신경 쓴다. 우리는 경쟁력을 높이는 것이 아니라 경쟁을 없애고 있다. 이는 믿을 수 없는 일이자 잘못된 일이다.

경쟁은 우리를 더 강하게, 더 열심히 노력하게, 더 많은 일을 하게 만든다. 다른 기업과 경쟁할 수 없는 기업은 아무리 착해도, 혹은 자신에 대한 인식이 좋아도 망한다. 작은 사업체도 마찬가지다. 열심히 노력하고 경쟁하지 않으면 살아남을 수 없다.

경쟁은 내가 학교 선택권을 선호하는 이유다. 학교들이 학생들을 놓고 경쟁을 벌여야 한다. 학부모들의 선택을 받지 못할 경우 문을 닫도록 만들면 분명히 학교들이 더 나아질 것이다. 학생들을 끌어들이지 못하는 학교는 문을 닫게 될 것이며, 이는 좋은 일이다.

나는 지난 20년 동안 정치인들에게 학교의 문호를 개방하고 학부모들이 자녀에게 가장 잘 맞는 학교를 선택하도록 만들라고 촉구했다. 교육자들은 학교 선택권, 자율형 공립학교, 수강권 제도, 특성화 학교 같은 대안들을 물색하고 있다.

이름이 무엇이든 상관없다. 결국은 경쟁 조성이라는 같은 목적으로 귀결되기 때문이다.

학부모에게 선택권을 주는 것에 반대하는 사람들은 그렇게 하면 좋은 공립학교가 사라질 것이라고 주장한다. 더 좋은 자율형 공립학교나 특성화 학교들이 우수한 학생들을 데려가고 남은 학생들은 박탈감을 느낀다는 것이다.

이 논리대로하면 경쟁에 따른 우수성이 갑자기 비판의 대상이 된다.

사실관계를 따져보자. 자율형 공립학교가 크게 늘기는 했으나 여전히 전체 공립학교 중에서 차지하는 비율은 작다. 그런데도 특히 도시지역에서 변화를 일으키고 있다. 스탠퍼드 대학 교육성과연구소는 자율형 공립학교가 41개 도시지역에서 미친 영향력을 분석했다. 그 결과 자율형 공립학교 학생들은 일반 공립학교 학생과 비교할 때 수학에서는 40일, 읽기에서는 28일 더 앞서나가는 것으로 드러났다. 어떻게 보아도 상당한 진전이다.

학교 선택권을 찬성하거나 반대하는 사람들이 자율형 공립학교의 성패를 말해주는 통계와 주장을 끝없이 늘어놓을 수 있음을 안다. 이는 타당한 논쟁이다. 그러나 공직선거에 나서서 교원 노조의 지지를 바라는 정치인을 제외한 모든 사람들은 더 작은 학급 규모, 더 개인화된 지도, 더 엄격한 규율이 크게 긍정적인 영향을 미쳤다는 사실을 깨달아야 한다. 교사들에게 책임을 지우는 일은 중요하지만 분별 없는 표준화된 시험으로 성과를 측정하는 일은 중단해야 한다. 대신 성공사례를 받아들여서 개선을 위한 모범으로 삼아야 한다.

나는 부유한 동네에서 자라는 아이들을 크게 걱정하지 않는다. 이런 곳에서는 부동산세를 많이 걷어서 좋은 학교를 짓고, 최고의 교사를 채용하며, 필요한 모든 지원을 제공할 수 있다. 이곳은 별로 문제될 것이 없다.

그러나 많은 도시지역의 학교들은 재정 지원을 받기 위해 경쟁해야 하며, 교사와 학생들이 연필이나 종이 같은 기본적인 학용품을 직접 마련해야 한다. 국가적인 비극이다.

공립학교의 문제점은 많은 지역에서 실적을 제대로 평가할 길이 없다는 것이다. 자율형 공립학교는 실적이 나쁘면 문을 닫는다. 우리 교육 체제 전반에 이러한 책임지는 태도가 필요하다.

한 가지 커다란 난관은 강력한 영향력을 행사하는 교원 노조다. 교원 노조는 학교 선택권을 원하지 않는다. 노조의 보호를 받는 일자리가 줄어들 수 있기 때문이다. 뉴욕의 경우 교원 노조가 너무나 오랫동안 강력한 힘을 발휘해왔다. 오죽하면 40여 년 전에 만들어진 우디 앨런의 영화, 〈잠꾸러기Sleeper〉에는 한 남자가 미래에 깨어나 교원 노조 위원장이 '핵무기를 손에 넣는' 바람에 세상이 파괴되었다는 말을 듣는 장면이 나온다. 뉴욕시의 교원 노조가 협상을 통해 얻어낸 강력한 계약 때문에 교사를 해고하는 것은 물론이거니와 징계를 하는 것조차도 불가능하다.

뉴욕에서는 교사에 대해 적법한 고발이 제기되어도 타당성을 검증하는 청문회가 바로 열리지 않는다. 대신 해당 교사는 '전보 대기소'로 지정된 곳으로 가서 청문회 절차를 기다린다. 그들은 빈 교실이나 개조한 벽장에 앉아 일을 하지 않아도 급여를 전부 받는다. 일부 교사는 몇 년을 대기 상태로 보낸다. 그러니 그들이 전보 대기소를 '중증 정신질환자 병실'로 부를 만도 하다. 전체적인 개념이 정상이 아니다. 그러나 뉴욕과 다른 도시들은 강력한 노조가 요구한 계약 내용을 따를 수밖에 없다. 교원 노조가 학교 선택권을 반대하는 것은 자유시장에서 경쟁할 만한 역량이 부족하다고 자인하는 꼴이다. 어쩌면 그들이 맞을 수도 있다. 하지만 뛰어난 교사들은 어떤가? 그들도 발목이 잡혀서 노조에게 휘둘릴 수밖에 없다.

교원 노조는 독점적인 지위를 누린다. 자신들의 영역을 지키고 싶을 것이다. 교사들만 문제 많은 노조를 만든 것이 아니다. 뉴욕시에서 학교 관리인들은 등교시간에 맞춰서 출근한다. 그래서 보일러가 아직 틀어지지 않거나, 문이 열려 있지 않아서 학생들이 밖에서 기다려야 하는 일도 생긴다.

미리 밝혀두겠다. 나는 교원 노조를 좋아하지 않는다. 그래도 선생님들을 깊이 존중하고 존경한다. 대다수 사람들에게는 삶에 깊은 영향을 끼친 한두 명의 선생님이 있다. 하지만 우리는 교사를 힘든 직업으로 만들었다. 좋은 교사들은 가르치는 일을 사랑한다. 그들은 교사라는 직업을 사랑하고 명예롭게 여기지만, 우리는 수업을 방해하는 학생을 제재할 권리를 빼앗아서 그들을 교육자인 동시에 보육자로 만들었다.

또한 수많은 교사들이 뛰어난 역량을 갖췄지만 충분한 급여를 받지 못하고 있다. 우리 사회가 이런 선택을 했다는 것은 흥미로운 일이다. 우리는 하루 중 대부분의 시간에 자녀를 교사들에게 맡긴다. 그들은 학생이 성장하는 과정에 실로 큰 영향을 미친다. 그런데도 최고의 인재를 끌어들일 만큼 충분한 보수를 주지 않는다.

안타깝게도 교사들은 성과를 낸 만큼 급여를 받지 못한다. 진급도 대개 연공서열을 따른다. 학생들에게 의욕을 불어넣는 뛰어난 교사들이 학교의 힘든 여건 때문에 탈진하고 만다. 대부분의 학교가 그렇다. 반면 나쁜 교사들은 계속 남는다. 다른 곳으로 갈 수가 없기 때문이다. 따지자면 무능한 교사들이 오히려 더 많은 돈을 받는 경향이 생긴 것이다.

이런 상황을 뒤집어야 한다.

교사직을 더 매력적으로 만드는 방법 중 하나는 규율을 어느 정도 되살리는 것이다. 많은 학교들이 안전하지 않다. 정문에 금속탐지기를 설치하면 학생들이 무기를 갖고 다니지 못하게 막을 수는 있다. 그렇다고 문제를 일으키는 것까지 막을 수는 없다. 문제아들은 좀 더 강하게 다뤄야 한다. 동정심을 가질 필요가 없다. 그들은 다른 학생들이 누려야 할 배움의 시간을 빼앗는다.

그렇다고 교사들이 학생을 체벌하는 시대로 돌아가야 한다는 말은 아니다. 다만 교실에서 지켜야 할 행동규칙을 되살리고, 이 규칙을 관철할 수 있도록 훈련된 경비를 고용해야 한다. 학부모나 보호자도 이 과정에 동참시켜야 한다.

대다수 규율 문제는 가정에서 시작된다. 모든 부모는 자녀에게 어떤 모범을 보이고 있는지 자문해야 한다.

동시에 미국의 미래에 대학보다 더 중요한 것은 없다. 우리는 세계 최고의 고등교육 체계를 갖추고 있다. 전 세계의 젊은이들이 우리 대학으로 공부를 하러 오는 데는 이유가 있다.

문제는 학비가 너무 올라서 많은 학생들이 감당하지 못하거나 대출을 많이 받아야 한다는 것이다. 수많은 젊은이들이 필요한 교육을 받는 일을 더 쉽게 만드는 것이 아니라, 더 어렵게 만들고 있다. 그래서 부유한 가정만 감당할 수 있는 지경이 되고 있다.

나의 아버지는 대학을 졸업하지 않고도 성공했다. 그러나 지금은 그렇게 되기가 훨씬 어렵다. 통계청에 따르면 학사학위 소지자는 연 평균 5만 1천 달러를 번다. 이는 고졸자보다 2만 3천 달러가 많으며, 고등학교 중퇴자보다 거의 3배 많은 수치다.

대학에 강연을 나가면 학생들은 나를 둘러싸고 주로 2가지 질문을 한다. 하나는 취직을 시켜줄 수 있는지 묻는 것이고, 다른 하나는 학자금 대출을 어떻게 해야 하는지 묻는 것이다. 아직 졸업을 하지 않았고, 회사생활을 시작하지도 않은 학생들이 이미 미래를 저당 잡힌 것이다.

현재 4년제 대학을 졸업하려면 억대의 대출을 받아야 한다.

석박사학위나 의학학위를 따려면 10만 달러에서 20만 달러보다 더 많은 돈을 훨씬 빚져야 한다.

장학금을 충분히 받지 못하거나 학자금 대출을 받지 못하면 부모가 은퇴자금이 모자라는 위험을 무릅쓰고 도와줘야 한다. 심지어 집을 담보로 2차 대출을 받는 경우도 있다.

학자금 대출을 탕감해줄 수는 없다. 하지만 이제는 도움을 주기 위한 조치를 취해야 한다.

문제는 연방정부다. 연방정부가 학자금 대출에서 이득을 볼 이유가 없다. 가뜩이나 어려운 상황을 더욱 어렵게 만들 뿐이다. 그런데도 연방정부의 학자금대출기금은 2013년에 413억 달러의 이익을 냈다.

학자금 대출은 정부가 이익을 내서는 안 되는 분야다. 그런데도 지금 정부는 이익을 내고 있다.

이것은 대학들이 해마다 등록금을 인상하는 이유와 관계가 있지 않을까? 학자금 대출은 미국의 미래를 위한 투자로 보아야 한다.

결국 우리에게는 달리 선택의 여지가 없다. 아이들을 교육하는 방식을 바꿔야 한다. 학교에 대한 기본적인 운영권과 책임을 지자체에 돌려줘야 한다. 교사와 학생들을 대상으로 경쟁력과 우수성을 보상하는 기준을 세워야 한다. 교육을 우선순위로 올려서 부동산세와 다른 재원을 유연하게 활용해야 한다. 무엇보다 중요한 것은 부모들이 자제심과 집중력, 그리고 배움에 대한 열의를 자녀들에게 심어주는 것이다. 학교 혼자 모든 교육을 할 수는 없기 때문이다.

우리는 대단히 경쟁이 심한 세상에서 살고 있다. 아시아 국가들이 수많은 기술 기반 산업을 장악한 양상을 분석해보면 답은 분명하다.

우리나라의 미래는 바로 지금 교실을 연구하는 것에 있다.

교육체계를 살리는 것은 미국을 다시 위대하게 만드는 중요한 단계다.

C R I P P L E D   A M E R I C A

Part 6

★ ★ ★

에너지 논쟁
_심한 호들갑

마크 트웨인이 다음과 같이 말했다. "모두가 날씨 이야기를 하지만 누구도 바꾸려 들지 않는다." 하지만 우리는 지금 그의 말이 틀렸음을 증명하려 애쓰고 있다.

흔히들 기상 패턴 변화의 원인이 인간이라고 생각한다. 처음에 소위 '전문가'들은 지구온난화의 책임이 우리에게 있다고 말했다. 그러다 기온이 떨어지자 이번에는 과학자들이 '기후 변화'를 언급하기 시작했다.

이제 기온이 너무 높은지 아니면 낮은지 분별할 수 없게 되었다. 그러자 '극단적인 기상 상태'라는 새로운 용어가 나왔다. 이 용어는 펄펄 끓는 더위부터 살을 에는 추위까지 모두 포함한다. 그러나 요점은 같다. 우리가 화석연료를 태울 때 나오는 부산물을 대기로 방출하여 자연적인 기상 패턴을 바꿨다는 것이다.

오바마 대통령은 2015년 연두교서에서 기후 변화가 오늘날 지구가 처한 가장 큰 위협이라고 선언했다. 가장 큰 위협이라고? 지금 ISIS의 전투원들은 무고한 기독교 선교사들의 머리를 자르고 있다. 시리아에서는 적국 연합이 자국민에게 화학무기를 쓰는 독재자를 지원하고 있다. 집값보다 많은 대출금을 안고 있는 미국인이 수백만 명에 이르며 그중 중산층의 소득은 정체되었고, 4천만 명 이상이 빈곤 수준에서 살아간다.

그런데도 가장 큰 근심이 기후 변화라고?

역사를 살펴보자. 우리나라에서 최대 규모의 토네이도가 발생한 시기가 1890년대이며, 허리케인이 가장 많이 발생한 시기가 1860년대와 1870년대임을 알 수 있다. 극심한 기후 '변화'는 새로운 것이 아니다.

심지어 빙하기도 있었다.

나는 인위적인 요인 때문에 기후가 바뀌었다고 믿지 않는다.

소위 전 세계적인 기후 변화가 문제를 일으킨다는 점에는 동의한다. 가령 에너지 수요를 충족하기 위해 필요치 않은 기술을 개발하는데 수십억 달러가 들어 낭비하게 만든다.

오바마 대통령은 '배출권 거래제'를 도입했다. 이 제도는 기업들이 일 년에 배출할 수 있는 이산화탄소의 양을 한정한다. 기업들은 배출량을 줄이든지 아니면 초과한 만큼 세금을 내야 한다. 이 법안이 의회를 통과하지 못하자 오바마 대통령은 환경보호청을 앞세워 규칙제정권을 통해 관철하려 들었다.

이 제도는 주로 유가를 올리는데 기여했다. 유가가 배럴당 50달러 아래로 떨어진 지금도 소비자가격은 너무 높다.

사실 미국에는 다음 세기까지 전력을 공급할 수 있는 충분한 공급원이 있다. 우리는 그저 개발하기만 하면 된다. 신이 미국에 준 모든 축복 중에는 풍부한 천연자원이 있다. 에너지부에 따르면 지하에 매장된 천연가스만 해도 수세기 동안 에너지를 공급할 수 있는 양이다.

가령 뉴욕, 펜실베이니아, 오하이오, 웨스트버지니아에 걸친 마셀러스Marcellus 셰일유전은 수백억 배럴의 석유를 생산할 수 있다. 이 정도면 실용적이고 저렴한 대안을 개발할 시간을 벌기에 충분하다.

현재 우리는 석유에 크게 의존하고 있다. 에너지 비용은 경제를 이끄는 요소 중 하나다. 일자리 창출도 유가에 직결된다. 채굴 및 유통 비용이 많이 들수록 석유로 돌아가는 모든 산업에서 만들어지는 일자리가 줄어든다. 지금도 우리는 땅 밑에 얼마나 많은 석유가 묻혀 있는지 모른다.

텍사스 주 휴스턴에 있는 라이스Rice 대학의 연구진이 추정한 바에 따르면, 미국에는 2조 배럴의 채굴 가능한 석유가 매장되어 있다. 이는 285년 동안 쓸 수 있는 양이다. 또한 지난 몇 년 동안 기술이 엄청나게 발전했다. 골드만삭스는 2017년 혹은 2018년이 되면 우리가 사우디아라비아와 러시아를 제치고 세계 최대의 산유국이 될 것으로 전망했다.

우리에게는 캐낼 수 있는 석유가 있다. 그냥 캐내기만 하면 된다.

나는 이만한 석유를 갖고도 미국이 적대적인 일부 회원국을 둔 산유국 카르텔 석유수출국기구의 인질 노릇을 하는지 이해할 수 없다. 지난 수십 년 동안 석유수출국기구의 수뇌부는 회의실에 둘러앉아 유가를 정하면서 우리를 비웃었다.

그들은 우리에게 리더십이 없으며, 얼마가 되든 자기들이 정한 가격대로 지불할 것임을 아는 것이다. 나는 오랫동안 정치인들에게 석유수출국기구의 담합을 깰 배짱을 가지라고 촉구했다. 그러다가 트웨인이 한 다른 말이 떠올랐다. 바로 "멍청이와 의원은 같은 뜻을 지닌다"라는 말이다.

엄청난 매장량을 감안할 때 예측할 수 없고 여전히 불충분한 현재의 유가 하락을 두고 안심해서는 안 된다. 유가는 날씨와 같아서 언제든 바뀌기 마련이다. 우리 땅에 매장된 석유를 캐낼 준비를 해야 한다. 그리고 키스톤Keystone XL 파이프라인을 비롯하여 모든 기회를 활용해야 한다.

캐나다의 타르 모래 지역에서 네브래스카까지 약 1,900킬로미터에 걸쳐 석유를 옮기고 다시 텍사스까지 오는 기존 파이프라인과 연결되며, 수천 개의 건설직 일자리를 만드는 파이프라인 사업을 오바마가 지연시키고 심지어 취소하는 것은 격분할 일이다. 유가를 크게 떨어트린 초과공급 때문에 지금은 이 사업이 덜 긴요하게 보일 수 있다. 하지만 결국에는 그 석유가 필요하게 될 것이며, 그에 따른 좋은 일자리들도 필요하게 될 것이다.

이 파이프라인을 반대하는 주요 근거 중 하나는 유출사고가 발생할 수 있다는 것이었다. 그러나 국무부도 이 파이프라인이 안전하며, 기존 운송체계보다 훨씬 낫고 안전하다고 밝혔다. 단지 가능성 때문에 진전을 가로막아서는 안 된다. 사고는 가능한 한 많은 수단을 동원하여 대비하면 되고, 사고가 나도 청소를 하면 된다.

우리는 자체적인 원유 공급원을 확대해야 한다. 최대 공급원인 중동이 갈수록 불안정해지고 있기 때문이다. 불과 두어 해 전보다 덜 의존하고 있지만, 우리에게는 여전히 사우디아라비아산 원유가 필요하다.

그러나 사우디아라비아는 테러범들의 주된 목표이자 일부 경우에는 본거지이기도 하다. 석유 수출에 과도하게 의존하고 석유 외에 경제를 장기적으로 부양할 수단이 없다는 사실을 감안할 때 사우디아라비아는 조만간 우리의 도움을 받아야 체제를 유지할 수 있을 것이다. 이는 실질적인 위협이다. 외국산 석유에 대한 의존도를 크게 줄여야 하는 이유가 여기에 있다.

첫 번째 우선순위는 키스톤XL 파이프라인 사업을 승인하고 가능한 모든 곳에서 채굴을 시작하는 것이다.

재생 에너지원을 통해 소위 녹색 에너지라는 대안적인 형태의 에너지를 개발하려는 대대적인 시도가 있었다. 이는 또 다른 큰 실수다. 우선 재생 에너지를 향한 모든 노력은 잘못된 동기, 기후 변화가 탄소 배출 때문이라는 잘못된 믿음에 이끌렸다. 인위적 요인에 대한 주장을 믿지 않는다면(나는 믿지 않는다), 우리는 환경주의자들이 자부심을 갖도록 만들기 위해 아주 큰 비용을 들이고 있을 뿐이다.

가장 인기 있는 녹색 에너지원은 태양광 발전이다. 태양광 발전은 가능하지만 경제적 타당성이 없다. 태양광 패널을 설치하고 활용하는 데 드는 비용을 감당할 수 있을 만큼 충분히 전력을 아낄 수 없기 때문이다. 그런데도 현재 녹색 에너지 중에서 가장 많은 보조금을 받는다.

일각에서는 태양광 패널을 설치하는 비용을 수거하는데 40~50년이 걸린다고 추정한다. 이는 합당한 투자로 볼 수 없다.

설령 그 기간이 절반이라 해도 손익분기점에 이르는데 20년이 걸리는 것이 무슨 투자인가? 물론 태양광 발전이 앞으로 더욱 효율성을 높인다면 비용 측면에서도 타당할 수 있다. 어쩌면 말이다. 에너지 수요의 상당 부분을 저렴하고 안정적으로 채워줄 수 있다면 논의할 가치가 있을지도 모른다. 하지만 그때까지 우리는 승용차와 화물차를 운행하고 집과 건물의 난방을 해야 한다. 현재 훨씬 효율적이고, 저렴하고, 안정적으로 이 일을 할 수 있는 수단들이 있다.

내가 풍력 발전 지지자들과 심하게 충돌했다는 사실은 익히 알려져 있다. 나는 애버딘에 있는 세계에서 가장 아름다운 골프장 인근에 11개의 거대한 터빈으로 구성된 실로 추한 풍력발전소를 짓겠다는 계획을 놓고 스코틀랜드 정부와 몇 년 동안 싸웠다.

애버딘에 있는 트럼프 인터내셔널 골프 링크스 스코틀랜드The Trump International Golf Links Scotland는 스코틀랜드 경제에 도움을 주고 일자리를 만드는 훌륭한 관광명소다. 반면 이 터빈들은 세계적인 풍광을 망칠 뿐이다.

다른 곳에는 그만한 풍력이 부족한가?

내게 보기에 이 사업은 말이 되지 않았다. 이 발전소는 최대 발전량을 기록할 때도 해마다 수백만 파운드의 정부보조금을 투입해야 한다. 우리는 소송을 통해 5년 가까이 사업을 지연시켰다. 그 사이에 유가가 크게 떨어져서 사업의 타당성이 사라졌다. 이 풍력발전소는 절대 지어지지 않을 것이다. 나는 스코틀랜드를 위해 큰일을 했다.

스코틀랜드는 다른 나라처럼 향후 10년 안에 재생 에너지원을 통해 전체 에너지 수요를 충족하려 한다. 그러나 이 계획을 회의적으로 바라보는 사람들이 많다. 빌 게이츠는 2015년에 〈파이낸셜 타임스〉와 가진 인터뷰에서 "재생 에너지로는 안 됩니다. 각국 정부는 친환경 에너지에 대한 보조금을 연구 개발 부문으로 돌려야 합니다"라고 단언했다. 그의 말에 따르면 태양광과 풍력을 통해 충분한 전력을 얻는 비용은 '천문학적인 수준'이다. 그는 미래의 에너지 수요를 충족하는 길은 아직 열지 못한 기술적 돌파구에서 나올 것이라고 말했다. 그래서 풍력과 태양광 개발 분야가 아닌 재생 에너지 연구에 최대 20억 달러를 투자하겠다고 밝혔다.

태양광발전과 풍력발전이 환경에 입히는 피해에 대한 의구심도 많다. 근래에 영국의 한 연구소가 진행한 조사에 따르면 풍력 에너지는 다음과 같다. "이산화탄소 배출량을 줄이는 측면에서 엄청난 비용이 들고 효과가 적다." 혹은 이렇다. "기존 천연가스 발전기를 보조로 쓰는 경우 효율적인 천연가스 발전기만 쓰는 경우보다 더 많은 이산화탄소를 배출한다." 게다가 대부분 중국산인 이 거대한 철제 구조물을 만드는 과정에서도 많은 오염물질이 생성된다.

아이러니하게도 스코틀랜드 정부가 풍력발전소 건설을 추진하던 시기에 내가 다른 골프장을 짓던 아일랜드의 둔벡Doonbeg에서는 비슷한 사업의 승인이 거부되었다. 이 사업은 125미터짜리 터빈을 9기나 세워서 아름다운 풍광을 망치려 들었다. 이는 미식축구장을 9개나 수직으로 줄지어 세우는 것과 같았다.

다행히 유럽연합이 지정한 멸종위기종인 둔벡 강에 사는 약 7천 마리의 담수 진주 홍합에게 해를 입힐 수 있고, 관광에 악영향을 미친다는 이유로 계획은 취소되었다.

단연코 세계 최고 수준인 이 아름다운 골프장은 지역 경제에 커다란 혜택을 안겨주었다.

우리를 구한 것은 홍합이었다.

요점은 이렇다. 에너지 수요를 충족하기 위해 앞으로도 오랫동안 석유와 천연가스에 계속 의존할 수밖에 없다는 것이다. 그러니 에너지 독립을 하려면 계속 채굴을 해야 한다. 좋은 소식은 우리에게 엄청난 양의 화석연료가 있다는 것이다. 이제는 캐낼지 여부만 결정하면 된다.

이 자원들을 채굴할 때 비용 측면에서 효율적인 모든 수단을 활용해야 한다. 여기에는 파쇄법도 포함된다. 잘 모르는 사람을 위해 말해두자면, 파쇄법은 셰일층에 고압으로 액체를 투입하여 안에 갇힌 자원을 채굴하는 기술이다. 파쇄법을 활용하면 전통적인 채굴법으로는 도달할 수 없는 곳에 있는 방대한 석유와 천연가스를 채굴할 수 있다.

앤드류 쿠오모Andrew Cuomo 뉴욕 주지사는 파쇄법을 금지했지만 이

기술은 노스 다코타, 펜실베이니아, 오하이오에서 경제적 호황을 일으켰다. 덕분에 다른 어느 지역보다 많은 일자리가 만들어지면서 실업률이 줄어들었다. 뉴욕 주 북부 주민들도 이러한 호황을 누리고, 세금을 낮추며, 엄청난 주 정부의 부채를 줄이고 싶어한다.

에너지 문제에 대한 나의 입장은 간단하다. 에너지 수요를 충족하는 더 나은 '대안' 내지 '친환경' 수단이 나오기 전까지 우리에게 주어진 자원을 활용해야 한다는 것이다. 바로 지금 말이다.

CRIPPLED AMERICA

Part 7

★ ★ ★

의료보험
_만병의 근원

정치인과 내가 따르는 방식에는 기본적으로 차이가 있다. 나는 정치인들이 한다고 말만 하는 일들을 실제로 해내야만 한다.

나는 수천 명의 직원을 고용했다. 또한 하청업체 및 노조와 협상을 해야 했다. 그리고 직원들에게는 의료보험 혜택을 제공해야 했다. 나는 실질적인 비용이 얼마인지, 문제가 무엇인지, 통하는 것과 통하지 않는 것이 무엇인지 안다.

무엇보다 나는 어디서 낭비가 발생하며, 어떻게 해야 적절한 비용으로 좋은 의료보험 혜택을 제공할 수 있는지 안다.

정치인들은 진실을 듣고자 하지 않으며, 말하고자 하지도 않는다. 그들은 철저한 위선자다. 재선을 위해 유세를 할 때는 더욱 그렇다. 그들은 유세에 나서서 '무모한 정부의 지출'과 '정부의 낭비'를 즐겨 비판한다. 하지만 의회가 통과시키는 거의 모든 법안은 지역구를 위한 특별한 선물로 가득하다.

우리는 이를 '선심성 예산'이라 부른다. 이런 예산은 먹고 살기 바쁜 국민들에게 실제로는 피해를 입힌다. 특별한 후원자 및 이익단체에게 보상을 주거나 불만 많은 의원을 달래기 위해 표를 대가로 예산을 낭비하기 때문이다.

그리고 그 비용은 우리가 감당해야 한다.

나는 민주당이 건강보험개혁법Affordable Care을 억지로 통과시킨 과정을 생각할 때마다 화가 난다.

당시 민주당 원내대표이던 낸시 펠로시Nancy Pelosi조차 찬성표를 던진 대다수 의원들이 법안을 제대로 읽지도 않았다고 인정했다.

국민들은 '오바마케어Obamacare★'의 실체를 정확하게 모른다. 그 복잡성, 보험사의 로비에 따른 타협, 같은 의사로부터 계속 진료를 받을 권리의 박탈, 특히 주 정부와 모든 규모의 기업들이 감당해야 할 숨겨진 비용을 말이다. 게다가 젊고 건강한 사람들은 벌금을 내지 않고는 이것을 벗어날 길이 없다.

모든 공화당 의원들과 많은 수의 민주당 의원들은 오바마케어가 이미 재난이 되었으며, 갈수록 악화될 것임을 깨닫고 있다. 보험료는 30퍼센트에서 50퍼센트까지 급증했으며, 앞으로 더 나빠질 것이다.

사실 나는 운이 좋다. 나와 가족, 그리고 직원들에게 세계 최고의 의료보험 혜택을 제공할 형편이 되기 때문이다. 그러나 대다수 사람들은 그럴 형편이 못 되며, 도움이 필요하다는 사실을 안다. 의료보험은 오랫동안 내게 실로 중요한 문제였다.

이것은 확실하다. 오바마케어는 파국적이며, 폐지해야 하고, 대체해야 한다. 이 법안이 통과된 이유는 오바마 대통령이 기존 의사와 계약을 유지할 수 있다고 28번이나 거짓말을 했기 때문이다. 이는 명백한

★ 버락 오바마 대통령이 주도한 미국의 의료보험 시스템 개혁법안이다. 정식 명칭은 '환자보호 및 부담적정보험법(PPACA; Patient Protection and Affordable Care Act)이다.

사기이며 공화당이 고발했어야 마땅하다. 앞으로 다른 조항들이 효력을 발휘하기 시작하면 본인 부담금이 계속 오를 것이다. 그러면 트럭에 치이는 정도의 사고가 나야만 보험 혜택을 받을 수 있을 것이다.

의료인들은 오바마케어를 싫어한다.

전국에서 의사들이 일을 그만두고 있다.

전국에서 최고로 손꼽히는 의사 친구가 있다. 그는 유명한 환자들도 많이 맡고 있다. 그런 그도 이렇게 말했다. "이런 상황은 본 적이 없어. 더는 내가 원하는 방식으로 병원을 운영할 수 없어. 지금 내 밑에는 간호사보다 회계사와 컴퓨터 프로그래머가 더 많아." 그의 말이 맞다. 현재 의사들이 보험사에 비용을 청구하려면 100개가 넘는 항목을 따져야 한다.

결국 의료계가 처리해야 하는 '서류' 내지 '폴더'가 8만 쪽에 달하는 세법과 같은 악몽이 되었다.

거듭 말한 대로 '부적정un-Affordable'부담보험법은 대체해야 한다. 내가 다른 사람들과 다른 점은 잘못된 현실을 바꾸는 방식에 있다. 나는 누구도 말하지 않던 오래전부터, 의료체계를 바꿔야 한다고 생각했다. 의료비가 수익에 미치는 영향을 확인했기 때문이다. 또한 당시 4천만 명이 넘는 미국인들이 아무런 보험을 들지 못한 상태라는 사실을 알았기 때문이다. 그리고 지금 우리는 의료계에 '임시직' 일자리들을 강제하고 있다.

당시에 나는 모든 사람을 위해 저렴하고, 잘 관리되며, 선택의 자유를 주는 의료보험을 찾아야 한다고 말했다. 원하는 경우 같은 의사를 계속 선택할 수 있는 의료보험 말이다. 또한 지금보다 훨씬 덜 복잡한 당시 의료체계에서 단일 창구 방식이 통할지도 모른다고 말했다. 그러나 내 말은 수많은 개념과 주장이 논의되던 시기에 비정치인이 한 여러 제안 중 하나에 불과했다. 그때는 15년 전이었다. 그런데도 여전히 많은 사람들이 언급한다. 아마도 달리 꼬투리를 잡을 말이 없는 것 같다. 언제나 그렇듯 나름의 해결책이 없는 사람들은 문제를 해결하는데 전혀 도움이 안 되는 '허점 찌르기 정치'를 한다. 그들은 말만 할 뿐 행동하지 않는다. 적정부담보험법이 명확한 그 예다.

사업에서 성공하려면 유연해야 하며 현실에 맞게 바뀌어야 한다. 세상은 바뀌었다. 나도 바뀌었다. 그래서 단일 창구 방식이 더는 타당하다고 생각지 않는다. 타당하다고 생각한다면 내 입으로 말했을 것이다. 다른 사람이 대신 말해줄 필요가 없다. 다른 나라에서는 단일 창구 방식이 통할 수 있다. 가령 스코틀랜드에서는 아주 잘 돌아가며, 시기가 다르다면 미국에서도 통할지 모른다.

하지만 더 이상은 아니다.

그렇다면 어떻게 해야 할까? 의료보험제도를 실질적으로 개혁해야 한다는 데는 의문의 여지가 없다. 돈이 없다고 해서 사람들이 의료보험 없이 살게 놔둘 수는 없다. 안타깝게도 내가 이 말로 손해를 볼 수도 있다. 나는 공화당원들도 넓고 아름다운 '마음'을 가졌으며, 가난하고 아픈 사람들을 돕고 싶어한다고 믿는다. 정당한 손해라면 감수할 수 있다. 아픈 데도 병원에 가지 못하는 처지가 어떨지 상상조차 할 수 없다. 이런 상황은 이미 넘쳐나고 있고, 비효율적인 응급실로 사람들을 몰아넣는다.

통계청은 지금까지 1천만 명이 의료보험체계에 추가되었다고 발표했다. 자신을 돌볼 수 없는 이 사람들을 위해 우리는 돌볼 수 있는 길을 찾아야 한다. 나는 그렇게 해야 한다고 확신한다. 설령 손해를 보더라도 말이다.

국민들이 내 생각에 동의한다는 사실을 안다. 오하이오, 플로리다, 아이오와, 사우스캐롤라이나, 뉴햄프셔에 가서 내 의견을 밝힐 때마다 기립박수를 보내주기 때문이다. 진정한 문제는 자신을 돌볼 수 없는 사람들을 돌보는 방법이다. 어떻게 해야 의료보험제도를 통해 우리 아이들이 필요한 의료 서비스를 받게 하고, 기본적인 의료보험에 가입할 형편조차 안 되는 사람들도 적절한 치료를 받도록 보장할 수 있을까?

내가 보기에 모든 문제에 대한 답이 있다고 주장하는 정치인은 어리석다. 일부 정치인들이 미리 준비한 답변을 늘어놓는 모습은 그럴듯하다. 말을 들어보면 그들은 아주 똑똑해서 모든 문제에 대한 답을 이미 갖고 있으며, 그 답은 다른 모든 사람이 가진 답보다 항상 좋은 것이다. 참으로 편리하다. 그러나, 나라에는 도움이 되지 않는다. 아무 것도 이뤄지지 않기 때문이다. 어떤 문제도 해결되지 않으며, 그러면 우리는 이기지 못한다. 정치인들은 모든 문제를 해결할 수 있는 양 말도 안 되는 약속을 늘어놓는다. 그들은 모두 전문가이지만, 어떤 일도 일어나지 않는다. 말만 하고 행동하지 않기 때문이다.

대다수 정치인들은 알맹이 없는 말을 하는 능력이 아주 뛰어나다. 그래서 다들 나름의 정책을 제시하지만 열심히 들어봐도 무슨 말인지 알 수가 없다.

나의 접근법은 전혀 다르다. 나는 어려운 사업 문제를 해결할 때와 같은 방식으로, 대다수 국민들에게 저렴한 의료보험을 제공하는 방법을 활용할 것이다. 우리는 세상에서 이 문제를 가장 잘 아는 사람들을 채용하여 방에 가둬야 한다. 그리고 우리가 밟아야 할 단계들을 동의할 때까지 문을 열어주지 말아야 한다.

많은 경우 내가 어떤 발언을 하면 사람들은 구체적인 정책을 제시하지 않는다고 말한다. 여론조사 기관들이 판단하기에 사람들이 듣고 싶어하는 정책 말이다. 직업 정치인들은 나처럼 하지 않는다. 그들은 모든 단어를 놓고 여론조사와 초점집단 면접을 한다. 하지만 세상에 나 같은 사람은 없다.

단 한 명도.

나는 사람들에게 지금까지 내가 한 일들을 보라고 말한다. 내가 나만의 방식으로 얼마나 큰 성공을 거뒀는지 보라고 말한다. 이제 사람들은 선택할 수 있다. 불가능한 해결책이 실제로 이뤄질 수 있는 것처럼 꾸미든지, 아니면 문제를 해결할 수 있는 능력을 증명한 사람의 말을 듣든지 말이다.

나는 브룩클린에서 비교적 작은 부동산 회사를 시작하여 100억 달러가 넘는 돈을 벌었다. 나는 세계 최고의 부지로 불리는 56번가와 57번가 사이의 5번가, 뉴욕시 중심에 있는 티파니 매장 바로 옆에 산다.

그렇다고 해서 올바른 접근법에 대한 생각이 없는 것은 아니다. 우선 사회보장연금이나 노년층 의료지원금을 줄일 수는 없다. 이 부문은 건드리지 말아야 하며, 경제규모를 키우면 지킬 수 있다. 둘째, 몇 가지 단순한 변화로 실질적인 혜택을 거둘 수 있다.

앞서 말한 대로 나는 각 주 사이에 인위적인 경계선이 없는 민간보험 체계를 원한다. 이 경계선을 없애서 개인과 기업들이 가장 잘 맞는 보험을 선택할 수 있도록 해야 한다. 정부가 개입하여 보험사들이 경쟁하도록 만들어야 한다.

나는 수천 명이 일하는 대기업을 운영한다. 뉴욕이나 캘리포니아, 혹은 텍사스에서 직원들을 위한 보험계약을 협상할 때 대개 각 주에 하나의 입찰자만 나온다. 경쟁은 가격을 낮춘다. 그러나 현행 법규는 보험사들 사이의 실질적인 경쟁을 저해한다. 사실상 보험사들이 특정 주에서 독점적 지위를 누리는 것이다. 말도 안 되는 일이다. 아주 멍청한 짓이자 국민들에게 불공정한 일이다.

누가 경쟁이 없는 상황을 좋아할까? 바로 정치인들을 조종하여 큰돈을 버는 보험사들이다. 그들은 후원을 통해 이득을 본다. 그들에게 정치인에 대한 후원은 좋은 투자다. 그러나 국가에는 별로 좋지 않다. 그들은 거의 모든 정치인에게 돈을 준다. 나는 내 돈을 쓰기 때문에 옳은 일을 자유롭게 할 수 있으며, 로비스트가 아니라 국민을 섬긴다.

나만큼 사업을 잘 이해하는 사람은 없다. 더 저렴한 보험료에 더 나은 보험을 원하는가? 고객을 놓고 경쟁을 붙여라.

정부는 의료보험 문제에서 최후의 원조자 역할만 해야 한다. 정부가 해야 하는 주된 역할은 보험사의 재정건전성을 보장하여 파국적인 사태나 계산 착오가 발생했을 때 감당할 수 있도록 만드는 것이다.

내 논리를 따르면 의료보험체계와 경제가 금세 나아질 것이다.

CRIPPLED AMERICA

Part 8

★ ★ ★

여전히 문제는 경제야, 멍청아

모든 전문가들, 그리고 거의 모든 사람들이 내가 절대 대선에 나서지 않을 것이라고 말했다. 내가 대선에 나서겠다고 발표하자 그중 일부는 정말로 나서지는 않을 것이라고 예측했다. 그들은 내가 금융자산을 공개하기 전에 그만둘 것이라고 확신했다.

그들은 내가 일반적으로 생각하는 것만큼 부유하지 않다는 사실을 부끄럽게 여기리라 생각했다. 그러나 실제로 금융자산을 공개한 후에는 내가 훨씬 돈이 많다는 사실을 알게 되었다.

나는 부자다. 그러니까, 정말 부자다. 생각한 것보다 훨씬 많은 돈을 벌었다. 꿈이 작았던 것도 아닌 데 말이다.

정치인들은 "저는 헌법 전문가입니다"라고 하거나 "25년 동안 상원 외교위원회에서 활동했기 때문에 외교정책 전문가입니다"라는 말들을 한다. 혹은 훌륭한 기업의 CEO로서 얼마나 '성공적'인 경영을 했는지 떠벌인다. 정작 한 일은 3만 개의 일자리를 없애고, 대다수의 일자리를 외국으로 넘겼으면서 말이다. 그들이 일자리 창출 전문가인 것은 맞다. 다만 문제는 국내의 일자리를 국외의 일자리로 바꾸는데 전문가라는 것이다.

나는 이런 사람들이 경제를 어떻게 바로잡을지, 일자리를 어떻게 창출할지, 세금을 어떻게 낮출지, 균형재정을 어떻게 달성할지 말하는 것을 들었다. 그때마다 머리를 흔들며 '〈어프렌티스〉에 후보로 들어올 능력조차 안 된다'라는 생각을 한다.

우리는 예산안도 통과시키지 못하는 의원들의 재정적 조언을 들어서는 안 되며, 일자리를 창출하겠다는 약속도 믿어서는 안 된다. 우리에게는 강력한 협상가이자 실질적인 리더가 필요하다. 안타깝게도 다수당인 공화당은 예산안을 통과시키는 데 필요한 협상 능력이나 리더십을 갖추지 못했다. 그래서 전적으로 민간 부문에 맡기거나 아예 없애야 하는 정책들을 떠안고 있다.

그나마 지출 승인 기한이 다가오면 오바마에게 유일하게 맞서다가 결국 물러서고 만다. 제대로 일을 해서 합의를 이끌어내야 할 2015년 여름에 그들은 도대체 어디에 있었는가?

그들은 수백만 미국인들의 삶과 미국의 신용등급을 망치고 있다. 우리나라를 다시 위대하게 만들고 국민들을 보살피기 위한 리더십이 없기 때문이다.

우리가 직면한 문제는 부실한 관리와 나쁜 정치가 합쳐진 결과이다.

우리에게는 정부가 제대로 돌아가도록 만드는 한편, 필요 없는 부문에서는 손을 빼도록 만드는 리더십이 필요하다. 정부가 적절한 규모를 갖추고 적절한 부문에 집중하면 끊임없이 위기를 맞는 일이 없어질 것이다.

우선 의회부터 시작해야 한다. 린든 존슨이나 로널드 레이건 같은 대통령들은 합의를 이끌어내어 성과를 일구었다. 레이건 대통령은 임기 7개월 차에 항공 관제사들을 해고하면서 노조에 분명한 메시지를 보냈다. 존슨 대통령은 민권법을 통과시키는데 필요한 찬성표를 확보하기 위해 극좌파와 극우파를 위협하는 일도 서슴지 않았다.

얼마든지 일을 이루어낼 수 있다.

오바마 대통령은 골프를 아주 좋아한다. 하지만 같이 칠 사람들을 잘못 고른다. 친구들하고만 칠 것이 아니라 나라에 도움이 되는 똑똑한 사람들과 같이 치면서 일을 이루어내기 위한 유대를 맺어야 한다.

장담컨대 나는 합의를 이끌어내기 위해 골프장을 이용하는 법을 안다. 성과를 내려면 분명한 관점으로 국민들의 지지와 이해를 얻을 수 있도록 메시지를 퍼트리는 법을 알아야 한다. 그래야 분열을 막을 수 있다. 그래야 특수이익집단들이 원하는 결과를 돈으로 얻어내고 우리를 갈라놓지 못한다.

핵심은 리더십이다. 많은 사람들은 내가 있는 그대로 말한다는 사실을 안다. 텔레비전이나 신문, 혹은 소셜미디어를 보면 내가 다른 모든 공화당 후보를 합한 것보다 더 많이 주목받는다는 사실을 알 수 있다. 이런 관심이 단지 흥미를 위해서만이 아니라 내 생각을 존중하는 마음도 반영하기를 바라지만, 어쩌면 두 가지 요소가 모두 섞여 있을지도 모른다.

나는 언론이 가진 좌파적인 편견을 이겨내고 국민들의 마음에 직접 호소하는데 성공했다. 적어도 그렇게 하려고 노력했다. 심지어 절대 보수 매체라고 볼 수 없는 〈뉴욕〉조차 표지에서 현상을 타파하는 나의 능력을 칭찬했다.

다시 말하지만, 핵심은 리더십이다.

일자리를 만들고 경제를 바로잡는 일에 있어서 '이론'만 들먹이지 않는 전문가는 나뿐이다. 나는 역경을 통해 배운 실질적인 현실주의와 상식을 토대로 이야기한다. 나는 온갖 경험을 하면서 고난에 시달리고 빚에 허덕인 적도 있지만 맞서 싸워서 이겨낸 덕분에 그 어느 때보다 더 크고 강해졌다. 1990년의 불황 때 많은 친구들이 파산한 후 재기하지 못했다. 그러나 나는 살아남았으며, 힘든 시기에는 어떻게 대처해야 하는지 교훈을 얻었다. 우리나라는 지금 힘든 시기를 지나고 있다. 나는 이 사실을 잘 알고 있다. 어떻게 풀어나가야 하는지도 잘 안다.

나는 싸움꾼이다. 쓰러져도 더 강하게, 다시 일어선다. 나는 역경을 극복하는 일을 좋아한다!

나는 단지 돈을 벌기 위해서가 아니라 자산을 관리하고 함께 일하는 수천 명과 나누는 법을 배우며 지금까지 살아왔다. 좌파들은 사회주의를 도입해야 우리나라를 앞으로 나아가게 만들 수 있으며, 통치권을 발휘할 수 있는 대통령이 필요하다고 말한다. 의회에서 법안이 통과되지 않으면 행정명령으로 통치해야 한다는 것이다.

내가 보기에는 완전히 헛소리다.

자유시장은 제대로 돌아간다. 단지 리더십이 필요할 뿐 독재가 필요한 것은 아니다. 정부는 헌법을 고수해야 한다. 성취를 유도하고 보상을 해주며, 지출과 결과에 항상 책임을 지는 사회정책을 유지해야 한다. 나는 4,650만 명이나 되는 빈곤층과 집을 살 형편이 못 되는(혹은 집을 잃어버린) 대다수의 중산층을 걱정한다. 자녀들의 교육비를 대지 못하는 사람들을 걱정한다. 요컨대 나는 부자들에게 심하게 치우친 재정정책 때문에 아메리칸 드림을 누리지 못하는 사람들을 걱정한다.

지나치게 복잡하며 부자들에게 치우친 세법을 재검토해야 한다고 강력하게 주장하는 이유가 여기에 있다. 헤지펀드와 자산관리사들은 수백만 명에게 도움을 주는 은퇴연금과 기업연금을 관리하는데 중요한 역할을 한다. 그러나 생각하는 것보다는 훨씬 덜 중요하다. 그들이 최고 수준의 소득을 올릴 때는 그만한 수준의 세금을 내야 한다. 이 금융공학 전문가들은 종종 회사를 '갈아치우면서' 직원들을 해고하고, 소위 '구조조정'을 부추겨서 사람들의 삶과 때로 기업까지 파괴하면서 수십억 달러(수십억 달러가 맞다)를 벌어들인다. 나는 수십억 달러가 어떤 가치가 있는지 알지만, 동시에 1달러의 가치도 안다.

나는 직접 개발 사업을 벌이고, 협상을 이끌며, 기업을 사들여서 되살리는 등 열심히 노력해서 돈을 벌었다. 나는 힘들고 위험한 건설업종에서 일하는 직원들의 심정을 이해한다.

낮에 열심히 땀 흘려 일하는 사람들이 밤에 생계를 걱정하는 일이 있어서는 안 된다.

나는 한 번도 나라에서 급여를 받는 '안전한' 생활을 한 적이 없다. 나는 급여를 주는 사람이다. 사업은 항상 쉽지 않았다. 1990년대에 정부는 부동산 세법을 바꿔서 소급적용했다. 대단히 불공정한 일이었다. 나는 맞서 싸웠고 이겨냈다. 이 조치는 건설산업을 완전히 죽여 놓았다. 많은 사람들이 사업을 접었다. 환경주의자들의 잘못된 열정은 건설사업을 훨씬 어렵게 만들어놓았다. 과도한 규제는 미친 수준에 이르렀다. 정부정책을 거스르지 않고는 종이클립조차 살 수 없는 지경이다.

그러니 우리 사회의 스트레스가 역대 최고 수준에 이를 수밖에 없는 것이다. 선량하고 공정한 태도를 지닌 사업가들이 심한 간섭 없이 사업, 특히 자영업을 운영할 수 있도록 해야 한다. 그래야 그들이 돈을 더 벌고, 오바마케어가 강요한 임시직만이 아니라 정규직을 더 고용하며, 더 행복한 삶을 살 수 있다.

현재 미국의 재정 상태는 심각하다. 국가부채는 19조 달러를 넘어 20조 달러에 육박하고 있다. 진보 진영의 경제학자들조차 국가부채가 20조 달러를 넘어서면 대단히 큰 문제가 생긴다고 경고한다. 그렇게 되면 금융체제가 뒤흔들리고, 돈을 빌릴 수 있는 능력이 약화되며, 부채에 대한 이자가 오른다.

이렇게 되면 세계 시장에서 신용을 많이 잃게 된다. 작년에 유럽과 아시아가 흔들리는 동안에도 미국은 유일하게 재정적 안정을 유지했다. 그러나 우리의 국가부채는 짊어지고 가기에 대단히 위험한 부담이다. 작년 혹은 같은 맥락에서 지난 20년 동안 우리가 이룬 경제 성장에 참여하지 못한 국민들이 엄청나게 많다. 그들은 단지 생활수준을 유지하고 살아남기 위해 꿈을, 아메리칸 드림을 저당잡혀야 했다. 그들에게는 앞으로 나아지리라는 희망이 없었다.

이러한 부분에서 우리 체제는 문제가 있으며, 이것을 바로잡아야 한다. 정책을 개발하는 방식을 바꿔야 하며, 지금 당장 그 일을 시작해야 한다. 우리에게는 문제의 규모를 이해하고 나라를 되돌릴 수 있는 사람이 필요하다.

우리에게는 리더십이 필요하다!

지금까지 제시된 일부 해법은 말이 되지 않는다. 사회보장연금이나 다른 복지제도를 삭감하는 것이 국가부채를 줄이는 한 가지 방법이라고 생각하는 정치인들이 있다. 이 문제는 아주 신중하게 다뤄야 한다. 미국은 80여 년 전에 일어난 '대'공황 이후로 경제권에서 밀려난 사람들에게 사회안전망을 제공해왔다. 특히 은퇴자들은 개인연금과 사회보장연금, 그리고 노년층 의료지원금에 크게 의존한다.

매달 들어오는 돈으로 생활이 좌지우지되는 사람들에게 해당되는 법을 바꿀 때는 대단히 신중해야 한다. 많은 사람들이 매달 들어오는 돈으로 근근이 살아간다. 그런 돈을 줄일 수는 없다. 절대 안 될 일이다. 은퇴자들은 평생 일을 하면서 경제에 기여했으므로 마땅히 복지 혜택을 누려야 한다.

이제는 그들이 누릴 차례다.

사회보장연금을 건드려서는 안 된다. 사회보장연금은 논외대상이다.

그런데 이 사실을 아는가? 사회보장연금을 안 받아도 되는 부자들이 많다. 정부가 포기할 수 있는 기회를 준다면 나는 기꺼이 그것을 포기할 것이다. 아마 다른 많은 부자들도 나와 같을 것이다. 그래도 우리가 처한 재정적 위기를 해소하는데 미치는 영향은 그리 크지 않겠지만 말이다.

전체 소득계층에게 더 공정하도록 세법을 개정하는 것이 이 문제를 푸는 더 나은 해법이다.

낭비나 오용, 혹은 실행 측면에서 검토해야 할 '복지' 지출들이 분명히 있다. 이민정책을 앞서 다뤘지만, 불법이민자나 그 자녀들이 시민이나 합법이민자들과 같은 혜택을 누려야 하는지는 의문스럽다.

동시에 여러 기업과 산업에 대한 정부보조금, 소위 '부자를 위한 복지혜택'도 검토해야 한다. 내가 보기에 대규모 로비팀을 운영하는 산업이나 거액 후원자의 회사에 널리 제공되는 소득보조금이 대단히 의심스러운 구석이 있다.

전반적인 경제 문제를 해결하려면 해외 경쟁사의 도전에 맞설 수 있도록 산업을 재건하여 실질적인 일자리를 창출해야 한다. 정부는 대단히 긍정적인 통계치를 발표하지만 실제 상황은 끔찍하다.

실업 상황을 보면 두 가지 변수가 두드러진다. 하나는 취업을 포기하고 노동시장에서 빠져나가는 사람들의 비율이다. 그들은 실업률 표본에 포함되지 않는다. 노동시장에 남은 사람들의 비율을 말해주는 소위 노동 참여율은 40년 만에 거의 최저치를 기록하고 있다. 카터 대통령 이후로 노동 참여율이 지금보다 낮은 적은 없었다. 게다가 당시에는 물가상승률이 20퍼센트를 넘어설 정도로 인플레이션이 심했다.

불완전고용 상태에 있는 수많은 사람들을 고려하면 실질적인 실업률은 10퍼센트 후반 내지 20퍼센트까지 치솟는다. 그래서 여러 현명한 금융전문가들은 노동시장에 대한 정부의 평가와 정부가 내놓는 통계치에 의문을 제기한다. 우리가 일상에서 접하는 친구와 이웃들의 모습을 보면 노동시장은 여전히 어려운 상태다. 주가를 높이려는 기업들 사이에서 구조조정이 여전히 인기 있는 수단이기 때문이다.

우리는 일자리만 외국에 빼앗긴 것이 아니다. 아예 산업 전체가 해외로 사라지고 있다.

미국인들은 일하고 싶어한다. 미국인들은 훌륭한 노동윤리를 갖고 있다. 문제는 젊은이들이 첫 일자리를 찾거나, 일자리를 잃은 사람들이 새 일자리를 찾으려 해도 찾을 수가 없다는 것이다.

일자리가 없다. 사라져버렸다!

나는 내 회사에서 확실하게 할 일을 했다. 나는 일자리를 만드는 법을 안다. 실제로 수만 개의 일자리를 만들었다. 지금도 수천 명이 우리 회사에서 일하며, 협력사들도 수천 명을 고용하고 있다. 나는 말 그대로 수백 개의 회사에 관여하고 있으며, 거의 모든 회사가 훌륭하게 운영되면서 새로운 기준과 기록을 세우고 있다.

거기에는 생수 회사부터 포도원까지 다양한 사업체가 포함된다. 우리는 아이스스케이트장을 운영하고, 텔레비전 프로그램을 제작하고, 가죽 제품을 생산하고, 향수를 만들며, 멋진 레스토랑들을 많이 보유하고 있다.

물론 핵심 사업은 건축과 부동산이다. 우리는 부지를 확보하여 온갖 유형의 멋진 건물을 짓고, 관리하며, 임대한다.

내가 운영하는 여러 사업의 유일한 공통점은 모두 사람들에게 일자리를 제공한다는 것이다. 건물을 짓거나 골프장을 개발하면, 건설노동자, 그리고 바닥부터 조명까지 모든 자재를 공급하는 회사들에게 일자리가 생긴다.

이 일자리들은 좋은 일자리다.

우리는 공사가 끝나서 입주가 시작되거나 골프장 내지 호텔이 영업을 시작하면 운영에 필요한 서비스 인력도 공급한다.

그래서 더 많은 좋은 일자리가 생긴다.

우리 회사 제품을 중국이나 멕시코 혹은 다른 나라에서 만드는 경우도 마찬가지다. 어떤 사람들은 내가 이런 나라들을 비판하면서 생산을 맡긴다고 공격한다.

그에 대한 대답은 내가 현실주의자라는 것이다. 나는 경쟁하는 사람이다.

나는 사업 문제로 협상을 할 때 최선의 협상을 한다. 이제 제조기업들이 바로 여기 미국에서 최선의 조건을 누릴 수 있도록 사업 환경을 바꿔야 한다. 그러나 지금은 그렇지 못하다.

미국 기업들이 기술을 개발하고 더 많은 제조공정을 미국으로 돌릴 수 있도록, 세제 혜택과 재정 지원을 제공하는 법이 필요하다.

특정 국가들이 툭하면 자국 화폐를 절하하지 못하도록 막아야 한다.

우리는 홈팀이며, 우리 자신을 앞세워야 한다.

그렇다면 어떻게 해야 다른 나라에 빼앗긴 우리의 일자리를 되찾을 수 있을까?

그 답은 '우호적인' 교역 파트너들과 더 나은 무역협정을 맺는 것에 있다.

우리는 중국, 일본, 멕시코 같은 나라들로부터 일자리를 되찾아야 한다. 우리는 미국 소비자들이 만든 세계 최고의 시장을 너무 많은 방식으로 그냥 내주고 있다.

얼마 전에 포드자동차가 25억 달러를 들여서 멕시코에 공장을 짓겠다고 발표했다. 나비스코Nabisco는 시카고에 있는 대규모 공장을 멕시코로 옮길 예정이다. 어떤 독일 자동차 회사는 테네시에 공장을 지으려다가 멕시코에 짓기로 마음을 바꿨다.

어떻게 이런 일이 일어나게 되었을까? 이 두 건의 협상으로 얼마나 많은 좋은 일자리를 잃은 것일까? 우리가 미처 모르는 사이에 이런 협상들이 얼마나 많이 우리의 손아귀를 빠져나간 것일까? 아마 수백 건, 심지어 수천 건은 될 것이다. 더 이상은 안 된다!

정말 불합리하다. 미국의 노동력이 최고라는 사실은 모두가 안다. 단지 그들이 경쟁하도록 해주기만 하면 된다.

그런데도 우리는 가만히 앉아 무역협정에서 손해를 본다. 우리 회사는 싸우듯 모든 협상에 임한다. 레스토랑에 쓸 세제를 조달할 때도, 와인병에 라벨을 인쇄할 때도 가장 좋은 가격을 받아내려 싸운다.

나도 직원들을 위해 매일 싸운다.

이제 나는 미국을 위해 싸울 것이다. 나는 우리나라가 다시 위대해지기를 바란다. 우리는 할 수 있다!

필요한 것은 이기겠다는 의지와 과거처럼 '미국산' 배지를 명예롭게 만들겠다는 헌신뿐이다.

C R I P P L E D   A M E R I C A

Part 9

★ ★ ★

좋은 사람들도 이길 수 있다

나는 좋은 사람이다. 정말이다. 그러나 내게는 대다수 직업 정치인들에게는 없는 나쁜 버릇이 있다. 바로 진실을 말하는 것이다. 나는 생각을 그대로 말하기를 두려워하지 않는다. 질문을 받을 때도 논쟁적인 주제를 피하지 않는다. 그냥 질문받은 대로 대답한다.

때로 사람들은 나의 답변을 좋아하지 않는다. 어쩔 수 없는 일이다.

그래서 그들은 나를 공격한다. 나는 누가 공격하면 맞서 싸운다. 아주 세게.

이것은 언제나 나의 철학이었다. 비판자들이 공격하면 맞서 싸울 것이다. 서로 솔직해지자. 나는 나의 답변이 가장 타당하다고 자신한다.

이런 태도를 누가 높이 평가하는 줄 아는가? 바로 미국 국민들이다.

정치인에게서 진실을 듣는 것이 익숙지 않지만, 그래도 좋아한다. 내 말을 듣는 것을 좋아한다.

국민들은 정치판에서 나 같은 사람을 본 적이 없다. 그들은 워싱턴 정계에 너무 강한 영향을 미치는 로비스트, 정치활동위원회, 특수이익집단에 기꺼이 맞서는 사람을 본 적이 없다. 나는 내 돈을 쓰기 때문에 마음대로 말할 수 있다. 나는 내가 사랑하는 우리나라를 위해 옳은 일만 할 것이다.

이런 태도 때문에 때로 손해를 보기도 한다. 내게는 충심이 아주 중요하다. 우리 가족과 친구들은 내가 심할 정도로 충직하다고 말할 것이다. 대선에 나간다는 발표를 한 후 내 친구들 중 누가 충심을 지킬지 보고 싶었던 이유가 여기에 있다.

정치판에서 55퍼센트의 득표는 압도적인 것으로 여겨진다. 그러나 이는 45퍼센트가 여전히 반대한다는 뜻이다. 나는 45퍼센트가 반대한 적이 없었다. 행사에 나가면 사람들은 내게 환호했다. 야유하거나 조롱하는 사람은 거의 없었다. 그러나 선거에 나서면 갑자기 뒤에서 야유가 들린다. 어느 날 저녁에 내가 주요 기부자였던 자선행사에 아내와 함께 나가서 환호를 받는 적이 있다. 우리는 뒤에서 소수의 사람들이 야유를 하는 것에 놀랐다. 아내는 내게 "여보, 전에는 당신이 야유 받은 적이 한 번도 없었던 것 알아?"라고 말했다. 나는 아내에게 "정치판에 들어온 걸 환영해"라고 말했다.

나는 과거에 친구라고 여겼던 사람들의 달라진 태도에도 놀랐다. 가장 크게 놀란 대상은 메이시즈Macy's Inc였다. 나는 메이시즈 회장인 테리 룬드그렌Terry Lundgren과 오랫동안 좋은 관계를 맺었다. 그는 아주 좋은 사람이자 훌륭한 경영자다. 우리 회사는 메이시즈에서 셔츠와 넥타이, 커프 링크, 향수를 판매했다. 판매실적은 좋았다. 나는 트럼프가 5천 만 달러짜리 아파트와 37달러짜리 넥타이를 모두 팔 수 있는 유일한 브랜드라는 사실을 좋아한다.

테리 룬드그렌은 좋은 친구였다. 우리는 마라라고Mar-a-Lago와 여러 트럼프 골프장에서 많은 시간을 보냈다. 그는 내가 소개해준 많은 사람들과 좋은 친구가 되었다. 불법이민과 관련된 나의 발언을 두고 부정적인 보도가 넘치던 2015년 8월에 그가 내게 전화를 걸어왔다. 당시 뉴햄프셔에서 수많은 청중들을 대상으로 연설을 할 준비를 하던 차에 휴대전화가 울렸다. 사회자는 연단에서 이미 나를 소개하고 있었다. 그는 내가 세운 건물들과 긍정적인 여론조사 결과들을 이야기했다. 그래도 친구인 테리의 전화를 받았다.

테리는 다급하고 불안한 목소리로 "도널드, 도널드, 이야기를 좀 해야겠어. 멕시코계 사람들에게 항의전화가 오고 있어. 우리 백화점 앞에서 시위를 하겠대"라고 말했다.

나는 "별일 아냐. 한 시간이면 떠날 거야"라고 말했다.

그는 "그런 일이 생기도록 그냥 둘 순 없어. 회사 이미지에 좋지 않아"라고 말했다.

나는 지금 연설을 할 참이라 길게 이야기할 수 없다고 말한 후 이렇게 쏘아붙였다. "그런 일로 등을 돌리면 정말 의리 없는 거야. 우리 회사의 넥타이와 셔츠를 판다고 아주 조금 욕을 먹는 것뿐이잖아. 게다가 내 꼴도 우습게 되고 말이야."

테리는 "그래도 조치를 취해야겠어. 자네 회사와 거래를 끊겠다고 보도자료를 낼 거야"라고 말했다. 나는 속으로 탄식했다. 얼마 전에 고객들에게 끔찍한 짓을 해서 엄청난 벌금을 낸 회사가 겨우 그런 일로 거래를 끊다니 말이다. 정말 심한 처사였다!

테리가 보도자료의 내용을 읽는 동안 사회자가 내 이름을 불렀고, 청중들이 열광했다. 나는 "잠깐만. 지금 사람들이 가득한 자리에서 연설을 해야 하는데 그걸 읽고 있는 거야? 내일까지 기다려주면 안 돼?"라고 물었다.

"지금 해야 해. 기다릴 수 없어."

"아, 정말 의리 없네. 시위를 해도 한 시간이면 끝난다고 했잖아. 아무도 신경 안 써."

이제 트럼프 브랜드의 넥타이와 셔츠, 커프 링크, 향수는 메이시즈가 아니라 트럼프 타워에서 판매한다. 나는 이 일로 수천 명이 메이시즈 신용카드를 자른 다음 우편으로 보냈다는 말을 들었다. 사람들은 무엇이 옳은지 안다.

다른 기업들도 메이시즈와 거래를 끊었다는 말을 들었다. 한 유명 기업가는 내게 "테리 룬드그렌이 그렇게 의리 없는 줄 몰랐어요. 당신보다 마라라고 골프장을 더 많이 이용했는데도 말이죠"라고 농담을 했다.

마찬가지로 NBC와 유니비전Univision은 미스 유니버스/미스 USA 대회를 방송하지 않겠다고 나섰다. 나는 NBC를 고소했지만 NBC의 지분을 사들이고 전체 지분을 IMG에 넘긴 후 고소를 취하했다. 지금은 유니비전을 상대로 거액이 걸린 소송을 진행하고 있다.

나는 NBC와 오랫동안 성공적인 관계를 맺어왔다. NBC는 최고 시청률을 올린 〈어프렌티스〉를 방송하면서 수백만 달러를 벌어들였다. 나는 이 일이 생기기 전에 만약 대선에 나가게 되면 동일 방송시간 규정 때문에 더 이상 〈어프렌티스〉를 맡을 수 없다고 밝혔다. 당시 〈어프렌티스〉가 이미 재개된 상태라 NBC와 컴캐스트Comcast Corporation의 최고 임원들은 나를 설득하려고 사무실로 찾아왔다.

컴캐스트의 스티브 버크Steve Burke와 NBC의 밥 그린브랫Bob Greenblatt 회장, 그리고 폴 텔레그디Paul Telegdy 리얼리티 부문 책임자는 모두 좋은 사람들이다. 나는 그들과 멋진 경험들을 나눴다. 그래서 그들과 합의를 본 것을 기쁘게 생각한다. 어쨌든 삶은 계속되야 하니까.

유니비전과의 소송은 아직 끝나지 않았다. 아마 내가 많은 돈을 받아내게 될 것이다. 그들은 계약을 어겼으며, 그 대가를 지불해야 한다. 그들과 이렇게 소송까지 간 것은 슬픈 일이다. 두 최고 임원인 랜디 팔코Randy Falco, 보 페라리Beau Ferrari를 개인적으로 아주 좋아하기 때문이다. 누가 알겠는가? 나중에 다시 관계를 맺게 될지 말이다.

첫 두어 주 동안에는 관계 단절에 대한 기사들이 줄을 이었다. 심지어 ESPN이 우리 회사와 거래를 끊었다는 기사도 나왔다. 애초에 ESPN과 거래를 한 적도 없는데 말이다. 다만 ESPN 임원들이 우리 회사 골프장에서 골프를 쳤을 뿐이다. 나스카NASCAR가 우리 회사와 거래를 끊었다는 기사도 나왔다. 마찬가지로 나스카와 거래를 한 적이 없다. 단지 나스카가 연례행사를 열기 위해 우리 회사 골프장의 연회장을 빌리려 했을 뿐이다. 사실 우리 회사는 상당한 예약금을 그냥 챙겼으며, 더 많은 돈을 받고 다른 회사에 빌려줄 것이다.

소동이 잦아들자 사람들은 내가 불법이민 문제를 제기한 것을 높이 평가했다. 나는 이것을 중요하게 만들었다. 미국의 미래에 대단히 중대한 사한이기 때문이다. 나의 발언이 많은 문제를 일으킨 것은 별로 놀랍지 않았다. 대다수 정치인들은 논쟁적인 문제에 너무 가까이 다가가려 하지 않는다. 하지만 나는 개의치 않는다. 나는 아버지로부터 단도직입적으로, 솔직하게 신념을 털어놓는 태도를 배웠다.

엄하지만 멋지고 다정한 우리 아버지는 퀸스와 브룩클린에 건물들을 짓고, 소유하고, 관리했다. 덕분에 뒤로 물러나 편히 살 수 있는 돈을 벌었지만, 아버지는 한자리에 머무르는 사람이 아니었다. 아버지는 주말에도 빌딩이나 주택 혹은 공사장을 돌아다녔다. 바닥이 더럽거나 전구가 나가 있는 것을 보면 직원들을 야단쳤다. 아버지는 직원들이 상처를 받을까 봐 크게 걱정하지 않았다. 단지 바닥이 깨끗하게, 혹은 자주 말씀하던 대로 '일급 상태'로 유지되기를 바랐다. 그래도 바닥을 깨끗하게 유지하지 못하는 책임자는 해고되었다. 아버지는 세입자들을 위해 이러한 원칙을 지킬 의무가 있다고 생각했다. 아버지의 좌우명은 간단했다. 할 일을 하면 자리를 지킬 수 있고, 일을 잘하면 더 나은 자리를 얻을 수 있다는 것이었다. 내가 보기에 이 좌우명은 언제나 합당했다.

안타깝게도 정치는 이런 식으로 돌아가지 않는다. 정치에서는 일단 뽑아놓으면 쫓아내기 힘들다. 그래서 성과를 내야 한다는 동기가 약하다. 조금이라도 실정을 안다면 국민들은 지금보다 훨씬 분노할 것이다.

도널드 트럼프와 그의 가족

뉴욕 자메이카 제일장로교회에서 열린 견신례.
윗줄 오른쪽 두 번째가 트럼프

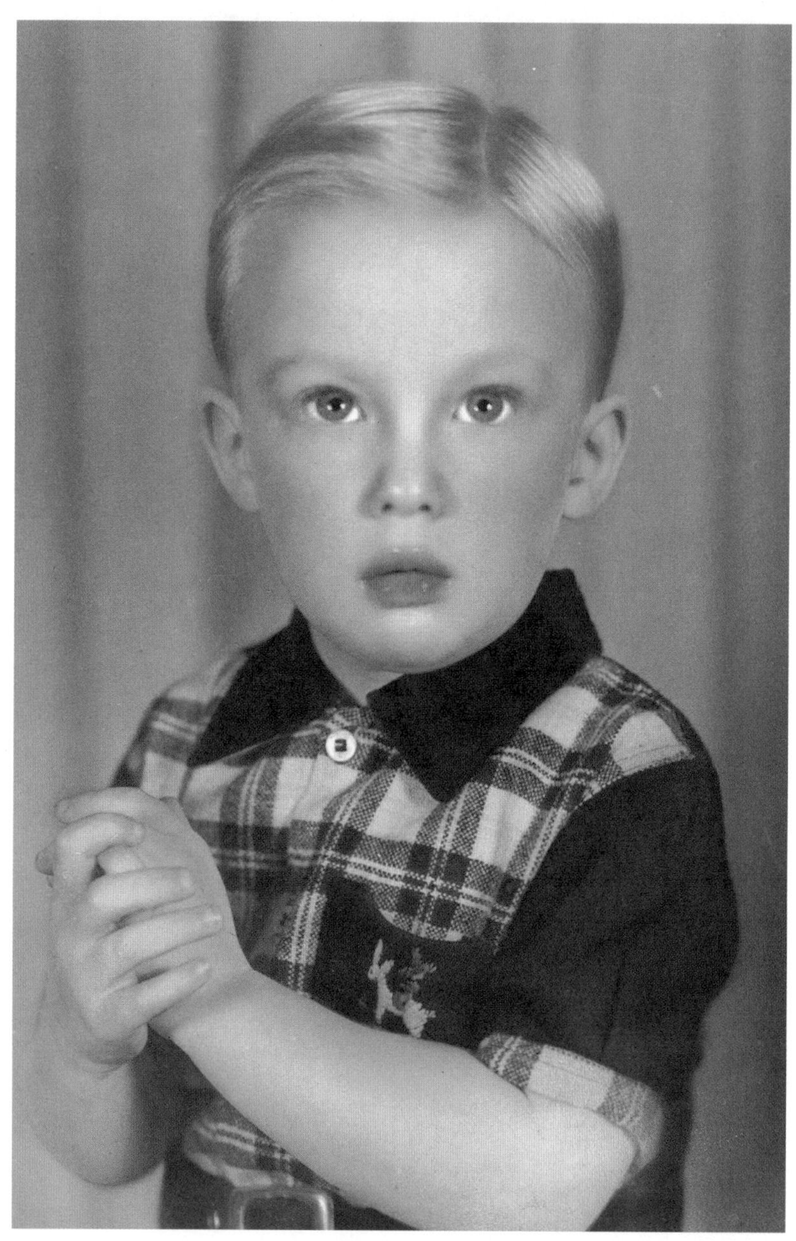

어린 시절의 트럼프

뉴욕군사학교 졸업식에서 트럼프와 그의 부모님

마라라고에서 딸 티파니와 트럼프

트럼프와 자녀들

구 우체국 건물이었던, 워싱턴 DC 펜실베이니아 애비뉴에 건설 중인
트럼프 인터내셔널 호텔

뉴욕증권거래소 맞은편, 월 스트리트 40번지에 있는 트럼프 빌딩

트럼프 팰리스

원 센트럴 파크 웨스트에 있는 트럼프 인터내셔널 호텔 앤드 타워

5번가 56번 거리 및 57번 거리 사이에 있는 트럼프 타워

시카고 강변에 있는 트럼프 인터내셔널 호텔 앤드 타워

샌프란시스코에 있는 뱅크 오브 아메리카 빌딩

유엔 맞은편에 있는 90층짜리 트럼프 월드 타워

트럼프의 형제자매(왼쪽부터 로버트, 엘리자베스, 프레드 주니어, 트럼프, 매리언)

마이애미에 있는 트럼프 내셔널 도럴

페리 포인트에 있는 트럼프 골프 링크스

라스베가스에서 가장 높은 건물인 트럼프 인터내셔널 호텔

백악관에서 로널드 레이건 대통령과 트럼프

트럼프와 그의 아내 멜라니아

트럼프와 그의 자녀들인 돈, 이반카, 에릭

전문 정치인들은 이런 현실을 좋아한다. 정치가 업이기 때문이다. 많은 정치인들을 알고 있지만, 장담컨대 그들은 민간에서 일자리를 얻지 못할 것이다. 그들은 국민들의 돈으로 충당하는 좋은 연금과 의료혜택을 결코 포기하고 싶어하지 않는다.

특수이익집단과 로비스트들도 이런 현실을 좋아한다. 그들은 영향력을 팔아서 많은 돈을 번다. 돈을 뿌리는 일은 바닥을 청소하는 일보다 훨씬 쉽다. 장담컨대 나는 이 바닥이 어떻게 돌아가는지 안다. 지금까지 후원금을 많이 내봤기 때문이다.

나는 한 푼의 돈도 받지 않는다. 나는 내 돈을 쓴다. 낡은 규칙이 내게는 적용되지 않는다. 낡은 규칙으로 혜택을 누리는 사람들은 나에게 어떻게 대응해야 할지 모른다. 처음에 그들은 나를 무시하면서 내가 물러서기를 바랐다. 국민들은 그들의 바람이 틀렸음을 확실하게 증명했다. 마침내 누군가 자신의 이익을 위해 나섰다는 사실에 국민들은 기뻐하고 있다!

베테랑 정치인들은 더 이상 나를 무시할 수 없게 되자 공격에 나섰다. 그들은 가장 취약한 부분을 노렸다. 내 머리를 공격한 이유가 거기에 있다. 내 머리는 가발이 아니다. 하지만 내 머리를 공격한 것은 상당히 용기 있는 행동이었다. 덕분에 NBC 뉴스 역사상 가장 이상한 보도가 나왔다. 제목은 다음과 같다. "트럼프가 자신의 머리를 옹호하며 유세에서 언론을 공격하다!"

근래에 내가 구체적인 내용을 제시하지 않는다는 비판이 나오기 시작했다. 거기에는 충분한 이유가 있으며, 리더십에 대한 나의 전반적인 철학에 완벽하게 부합한다. 오랜 세월에 걸친 멍청한 결정이나 우유부단한 태도로 생긴 우리의 많은 문제들은 거대한 난장판을 초래했다. 내가 마술봉을 휘둘러서 바로잡을 수 있다면 그렇게 했을 것이다. 그러나 해법을 찾을 때는 여러 가지 의견과 이해관계를 고려해야 한다. 그러기 위해서는 사람들을 모아놓고 모두가 같은 입장이 되어 나올 때까지 타협안을 찾아내야 한다.

누구도 타협하기를 원치 않는다. 장담컨대 나는 이 책에서 제시한 기본 원칙을 절대 타협하지 않을 것이다. 다만 결정에 관여하는 모든 관계자는 자신의 입장이 반영되었다는 느낌을 받아야 한다. 건물을 올릴 때 가장 어려운 부분은 시 공무원, 시 위원회, 환경단체, 지역 도시계획위원회, 매사에 비판적인 언론들에게 받아들일 만한 사업임을 설득하는 것이다. 그다음에는 은행, 하청업체, 노조를 끌어들여서 재정적 타당성을 확보해야 한다.

처음부터 "바로 이렇게 건물을 올리겠습니다"라고 선언하면 아마 "트럼프의 새로운 건설계획이 대규모 반발에 부딪히다!" 같은 보도가 나올 것이다. 그러면 어떤 일도 이룰 수 없다.

연방정부를 운영하는 일도 같은 원칙이 적용된다. 의회가 예산안을 통과시키지 못하는 이유는 재정을 확보하는 일과 관계되는 다양한 이

해관계를 조정하는 법을 아는 사람이 없기 때문이다. 대개 의회는 작년에 지출한 내용대로 그냥 받아들인다. 물론 작년 예산안은 그 전년의 예산안을 이은 것이다. 그러다가 임시로 미봉책을 쓰자는 합의안이 나온다. 결국 최종적인 해결책은 없다. 잘못된 과정이 해마다 반복된다.

우리는 의회 지도부뿐만 아니라 다양한 분야에 속한 전문가와 경제학자를 비롯한 최고의 인재들을 찾아서 어떤 정책이 효과를 발휘하므로 유지하거나 확대해야 하는지, 어떤 정책을 폐지해야 하는지, 세상의 변화에 따라 어떤 새로운 정책을 도입해야 하는지 관점을 제시하고 결정을 내리도록 해야 한다. 전문 정치인들은 항상 이런 문제들에 대한 답을 안다고 주장한다. 그러나 상황을 제대로 분석하지도 못하는데 어떻게 답을 안다는 말인가?

뛰어난 리더는 주요 원칙을 고수하되 단합을 이끌어내는 타협의 여지를 찾는 유연성을 갖춰야 한다. 또한 쓸데없는 선심성 사업에 모든 법안이 매몰되지 않도록 능숙하게 협상을 이끌어야 한다. 나는 원칙을 지킬 줄 안다. 동시에 공화당과 민주당이 공존할 수 있는 토대도 마련해야 한다는 사실도 안다.

다음 정권의 초기 100일 동안은 오바마 정권의 7년보다 더 많은 실질적인 성취를 이뤄야 한다. 정치는 다시 올바른 방향으로 나아가야 한다. 결코 실행되지 않을 거창한 계획의 세부사항보다 이것이 훨씬 중요하다는 사실을 이해해주었으면 한다.

나는 여러 정책들의 개요를 제시했다. 내 정치는 '희망의 정치'가 아니라, 나와 같은 강인한 기업가만 제시할 수 있는 '현실의 정치'다.

나의 적들이 나를 공격하기 위해 애용하는 또 다른 꼼수는 내가 보수주의자가 아니며, 공화당원도 아니라는 것이다. 심지어 정치인도 아니란다! 그들은 그래서 내가 정치계에서 아무 것도 이룰 수 없다고 주장한다.

내가 그들에게 말하고 싶다. 오히려 정치계가 제대로 돌아가지 않는다고.

아이러니하게도 이런 비판 덕분에 애초에 나의 생각들이 주목을 받고 인기를 끌었다. 국민들은 나의 다른 면모를 보고, 직업 정치인들에 대한 인식을 다시 떠올렸다.

내가 공화당원이자 보수주의자인가에 대한 문제와 관련하여, 우리 정치계가 실제로 어떻게 돌아가는지 말해주는 이야기를 하나 들려주겠다. 2015년 5월에 주요 보수단체인 성장클럽The Club for Growth★의 회장이 트럼프 타워에 있는 나의 사무실로 찾아왔다. 아주 합리적이고 좋은 사람처럼 보였다. 그는 내가 사업에서 거둔 성공을 크게 칭송하면서 정치계에 나와 같은 사람들이 필요하다고 말했다.

★ 10만 명의 회원을 거느린 미국의 보수단체이자 정치활동위원회, PAC(political action committee, 이익단체들이 만드는 선거운동조직)이다. 미국 공화당 경선에서 테드 크루즈를 지원했다.

일주일 후 성장클럽의 회장이 보낸 한 통의 편지를 받았다. "우리 두 사람이 알듯이 일자리를 창출하는 것은 정부가 아니라 기업가들"이라는 내용이었다. 그리고 100만 달러를 기부해달라는 요청이 이어졌다.

무려 100만 달러라니!

요청을 거절하자 그는 언론을 통해 나를 공격했다. 그는 내가 진정한 후보가 아니며, "공화당 대선후보 토론에 한 자리를 빼앗는 것조차 불행한 일"이라고 말했다.

누구로부터 자리를 빼앗는다는 말인가? 아마도 그에게 거액을 기부한 사람의 자리가 아닐까 싶다.

내가 여론조사에서 앞서나가자 성장클럽은 100만 달러를 들여서 아이오와 지역에서 광고로 나를 공격했다. 참 똑똑하다. 사무실로 찾아와 100만 달러를 기부해달라고 하더니 결국에는 100만 달러를 쓰게 되었으니 말이다.

그들은 후원자들에게 "도널드 트럼프는 당선되기 위해서라면 어떤 말이든 할 최악의 정치인"이라며 나를 헐뜯었다. 그들에게 어떤 말이든 한다는 것은 진실을 말한다는 뜻이다.

이 사례는 정치계가 모조리 잘못되었음을 말해준다. 우리는 정치인들이 백만장자나 로비스트 혹은 특수이익집단에게 매수되었다고 생각한다.

나는 어떠냐고? 나는 국민을 대변한다.

그렇기 때문에 기득권층이 나를 공격하는 것이다. 그들은 나를 매수할 수도, 조종할 수도 없다. 그래서 나를 잘라낼 길을 찾는다. 그들은 유일하게 옳은 지적으로 내가 민주당원으로 등록한 적이 있다고 말한다. 사실 나는 모두가 민주당원인 뉴욕에서 성장하고 일했다.

나 말고도 민주당원이었던 사람이 누구였을까? 로널드 레이건이다. 그는 당적을 바꿨고, 나도 진보파 민주당원들이 하는 짓을 보고 오래전에 당적을 바꿨다. 이제 나는 충심 있는 보수파 공화당원이다. 나는 공화당원이 되기로 결정하지 않았다. 처음부터 공화당원이었다.

원래 나는 보수적인 사람이다. 노동윤리, 전통적인 가치관, 근검절약, 강력한 군사정책 및 외교정책을 지지한다. 또한 헌법을 엄격하게 해석해야 하며, 판사들이 선례를 따라야지 사회정책을 좌우해서는 안 된다고 생각한다.

나는 전통적인 보수의 가치를 대변한다. 나는 아침 일찍 일어나 일하러 나간다. 나는 열심히 일하고, 정직하며, 크게 성공했다. 내가 가진 수십억 달러의 재산은 모두 노력해서 번 것이다. 내가 사업을 시작할 때 아버지는 거대한 사업자금이 아니라 훌륭한 노동윤리를 주었다. 그런데도 나를 싫어하는 사람들은 아버지가 내게 2억 달러를 주었다고 말한다. 차라리 그랬으면 좋겠다!

우선 아버지는 그만한 돈을 갖고 있지 않았다. 당시의 브룩클린 전체 부동산 가치를 따져도 2억 달러가 되지 않았다. 또한 설령 그만한 돈이 있었더라도 절대 내게 주지 않았을 것이다.

내가 브룩클린과 퀸스를 떠나 맨해튼으로 가서 사업을 하려 했을 때, 아버지는 내가 제정신이 아니라고 생각했다. 그래도 아버지는 나를 믿었다. 아버지가 어머니에게 "맞는 생각인지 틀린 생각인지 모르겠지만 하고 싶은 대로 하도록 놔둬야 해. 능력과 재능이 있으니까. 누가 알겠어? 사업으로 성공할지 말이야"라고 말한 것을 절대 잊지 못한다. 아버지는 엄한 사람이었지만 마음이 따뜻한 사람이기도 했다. 아버지는 아내와 다섯 자녀를 진정으로 사랑했다. 그리고 언제나 우리가 잘되기를 바랐다.

아버지는 100만 달러 정도의 작은 돈을 그냥 준 것이 아니라 빌려주었다. 어차피 아버지가 아니더라도 은행에서 빌릴 수 있는 돈이었다. 그렇게 내가 떠날 여정의 가장 큰 부분이 시작되었다. 아버지에게 빌린 돈은 맨해튼에서 시작한 사업들이 큰 성공을 거둔 덕분에 두어 해 후에 이자를 붙여서 갚을 수 있었다. 그때 내가 한 사업 중 제시간에 예산보다 적은 돈으로 지은 그랜드 하얏트 호텔은 대성공이었다. 많은 돈을 벌었다. 아버지는 대단히 흐뭇해하면서 이전보다 더 나를 자랑스럽게 여겼다.

아버지는 93세의 나이로 돌아가시면서 땅을 자녀들에게 남겼다. 당시 나는 이미 국제적으로 알려진 거대한 기업을 일군 상태였다. 유산을 가족들과 나눈 후 세금을 내고 남은 돈은 사업으로 번 돈과 비교하면 그다지 많지 않았다. 있으면 좋은 돈이었지만 거금은 아니었다. 무엇보다 아버지가 남겨준 훨씬 중요한 유산은 최고의 '유전자'였다. 그는 특출한 사람이자 아버지였다.

자, 이제 보수주의적 기준에 따라 나의 평점을 매겨보자.

적정비용 의료보험? 분명히 말하건대(그리고 나는 절대 한 말을 취소하지 않는다) 오바마케어는 즉시 폐지하고 훨씬 더 나은 정책으로 대체되어야 한다.

이민 개혁? 이 문제에서 나보다 더 리더처럼 행동한 사람이 있었나? 나의 계획은 간단하다. 나는 장벽을 세워서 나라의 통제권을 되찾을 것이다. 국경에 대규모 경찰을 배치할 것이다. 합법이민자들은 영어를 말하거나 배워야 한다. 영어를 모르면 결코 우리나라에 동화될 수 없다.

앵커 베이비? 외국인들이 우리나라에 와서 출산하면 그 아이는 평생 시민의 혜택을 누린다. 다른 사람들은 시민권을 얻기 위해 평생에 걸쳐 노력을 해야 하는데 말이다. 이런 현실을 끝내야 한다!

대이란 합의? 이란이 핵무기를 제조하도록 허용할 수 없다. 이는 위협이 아니라 사실이다. 우리의 우방과 적들은 모두 이 사실을 명심해야 한다.

수정조항 2조? 합법적인 총기 소지자의 권리는 완전하게 보호되어야 한다고 믿는다.

종교적 자유 수호? 종교적 자유는 헌법이 보장하는 가장 근본적인 자유로서 보호되어야 한다.

잘못된 과세체계 바로잡기? 나만큼 우리나라의 과세체계를 잘 아는 정치인은 없다. 과세체계는 모든 국민에게 공정하도록 바뀌어야 하며, 단순화해야 한다.

나는 굳건하며 자랑스런 보수주의자다. 행동은 하지 않는 다른 모든 정치인들, 자기가 다른 누구보다 더 진정한 보수주의자라고 줄곧 내세우는 정치인들과 나의 가장 다른 점이 무엇인지 아는가? 나는 말하지 않고 실행한다.

내가 우리나라를 위해 나선 것은 소위 지도자들이 할 일을 하지 못했기 때문이다. 그러니 앞으로 누가 보수주의자로서 나의 자격을 따지거든 이 목록을 보여줘라!

CRIPPLED AMERICA

Part 10

★ ★ ★

미국인이라
다행이다

나는 내가 얼마나 운이 좋은지 안다. 나는 태어난 날 이미 세계에서 가장 좋은 복권에 당첨되었다. 미국에서 태어났기 때문이다. 덕분에 모든 미국 시민이 누리는 놀라운 기회들이 찾아왔다. 가능한 최선의 사람이 될 수 있는 권리, 다른 사람들과 동등한 대우를 받을 수 있는 권리, 자유롭게 발언할 수 있는 권리(나는 이 권리를 대단히 중시한다), 종교를 선택할 수 있는 권리, 노력과 재능에 따라 얼마든지 성과를 낼 수 있는 권리, 사방에 있는 훌륭한 경찰관들 덕분에 안심하고 집에서 지낼 수 있는 권리, 세계 최고의 군인들이 지켜주는 덕분에 안심하고 자녀를 키울 수 있는 권리 말이다.

아마 우리 부모님은 내가 미국인으로 태어났다는 사실을 얼마나 자랑스러워하는지 알았을 것이다. 국기 제정 기념일인 6월 14일에 태어났기 때문이다!

내가 미국인임을 얼마나 자랑스러워하는지 알려주겠다. 나는 플로리다 팜비치에 저택을 한 채 보유하고 있다. 128개의 방을 가진 이 저택의 이름은 '바다에서 호수로'라는 뜻을 지닌 마라라고다. 1927년에 에드워드 프랜시스 휴튼Edward Francis Hutton과 아내인 마조리 메리웨더 포스트Marjorie Merriweather Post가 지은 이 저택은 너무나 아름다워서 국가유적으로 등록되어 있다.

이 저택이 자리 잡은 8만 평방미터의 부지는 플로리다에서 가장 가치가 높다. 나는 이 저택을 사들인 후 내가 미국인으로서 얼마나 자긍심과 감사를 느끼는지 알리고 싶어서, 아름다운 저택에 걸맞는 국기를 앞에 걸었다.

24미터 높이의 깃대에 걸린 국기는 가로 7.6미터, 세로 4.5미터짜리 초대형이다.

국기가 자랑스럽게 펄럭이는 모습은 대단히 아름답다. 그런데 시에서 이 국기가 너무 크다고 문제를 제기했다. 도시계획 규정에 어긋난다는 것이다. 집에 거는 국기의 크기를 규제하는 법이 있을 줄 누가 알았겠는가? 그들은 내가 국기를 내릴 생각이 없다는 뜻을 정중하게 전달하자 하루에 250달러의 벌금을 부과하기 시작했다.

당시 나는 이렇게 말했다. "시 의회는 부끄러운 줄 알아야 한다. 그들은 내가 국기를 걸었다고 벌금을 부과했다. 허가를 받아야 국기를 걸 수 있다면 우리나라로서는 대단히 서글픈 일이다."

아마 내가 어떻게 대응했을지 감이 올 것이다. 나는 수정조항 1조, 8조, 14조에 명시된 권리를 침해당한 것을 근거로 2,500만 달러짜리 소송을 걸었다. 소장에는 "저택의 규모를 감안할 때 국기의 크기를 줄이면 찾기도 힘들어서 장엄하게 보이기보다 우습게 보일 것이며, 무엇보다 도널드 트럼프와 회원들의 깊은 애국심을 적절하게 표현하지 못할 것"이라고 적었다.

시 당국과 합의를 볼 무렵 누적된 벌금 액수는 12만 달러나 되었다. 나는 벌금을 내는 대신 이라크전 재향군인들을 위한 자선단체에 10만 달러를 기부했다.

그때 나는 문제가 완전히 해결된 줄 알았다. 그런데 2014년에 이번에는 캘리포니아 랜초 팔로스 베르데스 시가 나의 골프장에 세운 21미터짜리 깃대를 낮추라고 요구했다. 나중에 담당 공무원은 "그 국기가 지금은 하나의 상징이 되었다. 지역 사람들에게 그 국기는 애국심을 상징한다"라고 인정했다. 우리는 싸움에서 이겼다!

우리 국기는 단지 빨간색과 하얀색 그리고 파란색 천을 직사각형으로 이어놓은 것이 아니다. 우리 국기는 나와 당신, 그리고 전 세계 사람들에게 하나의 상징으로서 평등과 희망, 그리고 공정성을 나타낸다. 또한 거대한 용기와 희생을 나타낸다.

모두가 이민 문제에 대한 나의 말을 들었다. 사람들이 목숨을 걸고 우리나라로 넘어오려는 데는 이유가 있다. 2015년에 440만 명이 넘는 사람들이 이민을 신청한 후 차례를 기다리고 있다. 거기에는 5만 명의 이란 사람들도 포함되어 있다. 일부 국가의 경우 대기 기간이 33년이나 된다. 영주권이나 임시 비자로 들어와 있는 사람도 1,200만 명에서 1,500만 명 사이에 이른다. 우리나라에 불법이민자가 얼마나 되는지 아는 사람은 아무도 없지만, 대략 1100만 명이 넘을 것으로 추정된다.

나는 지난 몇 년 동안 상황이 바뀌는 것을 보았다. 그리고 대다수 사람들처럼 그 변화를 좋아하지 않는다. NBC의 시사대담 프로그램인 〈미트 더 프레스Meet the Press〉에 출연했을 때 진행자 척 토드Chuck Todd

는 마지막으로 미국이 약속을 실현하고 있다고 생각한 적이 언제인지 물었다. 나는 레이건 정권 시절이라고 말했다. 그때는 우리 모두가 미국인임을 대단히 자랑스럽게 여겼다.

나는 평생 우리나라를 위해 나섰다. 나를 아주 싫어하는 어떤 보수 사이트 필자가 있다. 이해한다. 그런 사람들은 모두 좋아하는 정치인이 있다. 그러나 그는 나를 욕하면서도 이런 글을 썼다. "누가 말 좀 해보라. 왜 미국 정치인들이 수행할 첫 번째 의무가 미국 국민들을 위하는 것이라는 사실을 명확하게 말하는 후보가 도널드 트럼프뿐인가? 내 말에 동의하지 않는 사람들은 다른 정치인들의 우선순위 목록에서 국민들이 정확히 어디에 있는지 보여줄 수 있는가?"

나는 언제나 국민들의 이익을 첫 번째로 놓아야 한다고 믿는다. 두 번째나 세 번째가 되어서는 안 된다. 우리의 외교정책, 무역정책, 이민정책에서는 이런 수준의 헌신이 오랫동안 사라진 상태였다. 언제부터인가 우리는 다른 나라들이 우리를 어떻게 생각할지 지나치게 걱정하기 시작했다. 이 책을 읽고 있는 지금, 내가 다른 나라들의 인식을 신경 쓰는 것처럼 보이는가? 그들은 우리를 두려워했다. 그들은 우리처럼 되고 싶어했다. 우리는 존경받는 나라였다.

오래전에 내 딸 이반카는 어머니의 나라인 체코슬로바키아를 방문했다. 당시 체코슬로바키아는 공산주의 국가였다. 이반카가 들려준 이야기에 따르면 체코 사람들은 미국산이라면 무엇이든 자랑하고 싶어서 설령 1달러짜리라도 미국 돈을 차 유리에 붙이고 다녔다. 그만큼 미국과 관련이 있고 싶어했다. 그런데 지금은 어떤가? 우리를 비웃고 있다. 안타깝게도 더는 들을 수 없는 말이 있다. 바로 '미국산'이라는 말이다. 우리는 다시 이 말을 엄청나게 많이 하게 될 것이다. 우리는 특별하다. 나는 그렇다고 믿는다.

내가 애국심을 드러내는 방식 중 하나는 군을 강력하게 지지하는 것이다. 근래에 우리는 그 일을 그다지 잘하지 못했다. 이제는 바뀌어야 한다. 우리 군은 임무를 완수하는데 필요한 모든 인력과 장비를 갖춰야 한다. 나는 군이 너무나 강해서 절대 동원할 일이 없도록 만들어야 한다는 말을 즐겨 한다.

나는 장병들에게 최고의 보호장비도 지급하지 않고 전장으로 보낸다는 말을 듣고 엄청나게 놀랐다. 얼마 전만 해도 전장에 나가 있는 자녀에게 추가로 보호장비를 살 수 있도록 고향에 있는 부모들이 돈을 보내주었다고 한다. 믿을 수 없는 일이다. 우리는 전장에서 싸우는 장병들에게 다음과 같은 약속을 해야 한다. 앞으로는 최고의 장비를 필요한 만큼 제공하지 않고 전장에 보내는 일은 없을 것이라고 말이다. 그리고 장병들이 귀국하면 잘 보살펴야 한다. 그들은 마땅히 의료 혜택을 누릴 자격이 있다. 국가에 대한 그들의 헌신을 존중해야 한다. 지금 우리가 재향군인을 대우하는 방식은 수치스럽다. 빨리 바뀌어야 한다.

나는 다른 많은 정치인들과 달리 20여 년 전부터 재향군인을 위한 활동에 참여했다. 당시 뉴욕에서 열리는 재향군인의 날 퍼레이드를 보러 나오는 사람은 100명 정도에 불과했다. 제2차 세계대전 종전 50주년을 '기념'하는 날이었는데도 말이다.

그런데도 겨우 100명이라니 부끄러운 일이었다. 민주주의를 위해 싸우며 말 그대로 세상을 구한 분들을 모욕하는 것과 다를 바 없었다. 100명이라니!

그래서 루디 줄리아니Rudy Giuliani 시장과 함께 조치를 취하기로 결정했다. 우선 두 번째 퍼레이드에 필요한 자금으로 100만 달러를 기부했다. 그리고 11월 11일에 2만 5천 명의 재향군인과 함께 5번가를 행진했다. 140만 명으로 추정되는 구경꾼들은 다수가 군복을 입은 그들을 향해 환호를 보냈다. 뉴욕 역사상 최대 규모였던 이 퍼레이드는 재향군인들이 치른 희생에 합당한 것이었다.

한 달 후 나는 국방부로 가서 국방부 장관과 전체 합동 참모 본부 인원이 모인 자리에서 상을 받았다. 그 후로도 재향군인을 위한 활동에 활발하게 참여하고 있으며, 회사 전반에 걸쳐 재향군인을 채용했다.

현재 재향군인들이 처한 가장 큰 문제는 보장된 의료 혜택을 받지 못하는 것이다. 이라크와 아프가니스탄에서 싸운 젊은이들이 필요한 치료를 받는데 애를 먹고 있다. 우리는 재향군인들과 맺은 계약을 이행하지 않고 있다. 우리를 지켜준 사람들을 보살피지 않으면서 어떻게 나라를 사랑한다고 말할 수 있는가? 나는 9월에 기존 체계를 허물어야 한다고 말했다. 완전히 새로운 체계를 세워야 한다. 그래야만 하며, 그러면 제대로 돌아갈 것이다.

보훈부는 아마도 가장 무능하게 운영되는 정부기관일 것이다. 그냥 하는 말이 아니다. 우리 자회사라면 진작 경영진을 잘랐을 것이다. 문제는 너무 많은 정치적인 사람들이 운영에 관여한다는 것이다. 재향군인보다 불법이민자가 더 나은 치료를 받는 경우가 많다는 것이 실로 놀랍다. 납세자들이 일 년에 1,500억 달러가 넘는 돈을 내는데, 도대체 그 돈을 어디에 쓰고 있는가?

2014년에 〈라스베가스 리뷰 저널The Las Vegas Review-Journal〉은 이 문제를 다음과 같이 정확하게 정리했다. "보훈부가 대기명단을 위조하고 치료를 늦춰서 수많은 환자들을 막을 수 있었던 죽음으로 몰아간 것에 대해, 마침내 엄격한 조사를 받게 되었다. 새로 나온 정보에 따르면 보훈부 내부의 불법과 위법, 그리고 부패는 상상할 수 있는 수준을 넘어서고 있다."

이런 상황을 끝내야 한다. 어떻게 일해야 하는지 모르는 사람들이 지금 보훈부를 운영하고 있다. 정부에서 그 어느 때보다 많은 돈을 주는데도 치료 수준은 계속 나빠지고 있다. 치료를 받으려고 기다리는 사람들의 수는 늘어나고 있으며, 대기기간은 길어지고 있다. 어떻게 보훈부가 이토록 비효율적일 수 있는가? 당장 대규모 조직을 운영할 수 있는 책임자를 앉혀야 한다. 최고의 관리자를 구해서 일을 하는데 필요한 힘과 돈, 그리고 도구를 줘야 한다. 우리는 재향군인들에게 마땅히 갚아야 할 빚이 있다.

우리는 어떤 식으로든 재향군인들을 보살필 것이다. 보훈병원이 할 수 없다면 재향군인들이 민간 병원에 갈 수 있도록 만들고, 정부가 비용을 대야 한다. 그것이 재향군인들에 대한 우리의 의무이기 때문이다.

끝으로 일자리 문제가 있다. 도대체 어떤 나라가 젊은이들을 전쟁터로 보내놓고는 귀국하면 "미안하지만 당신들이 나가 있는 동안 다른 사람들이 일자리를 모두 차지했어"라고 말하는가?

좋은 일자리를 얻는 것은 누구에게나 어려운 일이지만 재향군인에게는 더 어렵다. 기회를 찾지 못해 애를 먹는 재향군인들이 너무 많다. 그들은 대개 여러 해 동안 노동시장에서 멀리 떨어져 있었다. 그들이 우리를 위해 치른 희생을 인정하여 바로 노동시장의 중심으로 데려오는 제도가 필요하다.

이 나라에서 태어난 것은 행운이다. 미국, 그리고 이 나라가 대표하는 가치에 감사와 자부심을 느낀다. 나라를 지킨 사람들을 기리는 일은 내가 국민들과 함께 기꺼이 나누고 싶은 혜택이다.

C R I P P L E D   A M E R I C A

Part 11

★ ★ ★

총을 가질 권리

수정조항 2조는 분명하게 말한다. "잘 규율된 민병대는 자유로운 주의 안보에 필수적이므로 무기를 소장하고 휴대하는 국민의 권리는 침해할 수 없다."

이것으로 이야기는 끝났다.

건국의 아버지들이 발언과 종교, 언론의 자유, 그리고 집회 및 청원의 권리를 담은 수정조항 1조에 뒤이어 수정조항 2조를 만들었다. 이것은 무기를 휴대할 권리가 모든 미국인들에게 얼마나 중요한지 알았음을 말해준다.

제임스 매디슨James Madison은 우리 헌법이 '국민들을 믿고 무기 소지를 허용하는 일을 두려워하는 거의 모든 다른 나라들에 앞서서 미국인들이 얻은 무장의 이점'을 보존한다는 점에서 고유한 역사적 권리라고 지적한다.

우리는 모두 자신과 가족을 지키기 위해 이 근본적인 권리를 누린다. 건국의 아버지들은 무기소지권이 자유로운 사회에 필수적이라는 사실을 알았기에 정부가 빼앗지 못하도록 수정조항을 통과시켰다. 역사에 걸쳐서 압제적인 정부는 시민들의 자위 수단을 빼앗아서 통제권을 확고하게 다지려 들었다.

나는 총을 갖고 있다. 다행히 한 번도 사용해야 한 적은 없었지만, 총이 있다는 사실만으로도 크게 안심할 수 있었다. 또한 나는 은닉 무기를 휴대할 수 있는 은닉 휴대 허가증도 갖고 있다.

내가 시간과 노력을 들여서 이 허가증을 얻은 이유는 자신을 방어할 수 있는 헌법적 권리가 집을 벗어나는 순간 끝나는 것이 아니기 때문이다. 이것은 나뿐만이 아니라 다른 모든 사람에게도 해당된다.

내가 모든 주에서 은닉 휴대 허가증이 통용되도록 만들어야 한다고 생각하는 이유가 여기에 있다.

모든 주에서는 차를 몰려는 주민을 대상으로 나름의 면허시험을 치른다. 면허시험은 주마다 다르지만 일단 한 주에서 면허증을 따면 다른 모든 주에서도 쓸 수 있다.

권리가 아닌 특혜에 해당하는 운전을 위한 면허증을 통용한다면, 혜택이 아닌 권리에 해당하는 은닉 휴대 허가증도 통용하지 못할 이유가 없다. 내게는 충분히 논리적으로 보인다.

수정조항 2조는 오랫동안 공격받았다. 지금까지 여러 주의 정부는 제약을 추가하면서 지속적으로 수정조항 2조를 약화시켰다. 권리장전에 제시된 다른 어떤 권리도 무기소지권만큼 공격받은 적이 없다. 일부 제약은 명백히 타당하다. 가령 중범죄자와 정신질환자는 총을 가져서는 안 된다.

총기를 휴대하는 최우선 목적은 보호수단을 제공하는 것, 우리를 해치려 드는 사람에게 무기가 있으며 쓸 수도 있다는 사실을 알리기 위한 것이다.

수정조항 2조를 보호하려면 몇 가지 중요한 단계를 밟아야 한다. 가장 중요한 것은 폭력범죄를 엄단하는 일이다. 이에 대해 오바마 정권은 때로 폭력범죄자들을 거리에서 치우는 노력을 게을리하는 것처럼 보이기도 한다.

경찰의 손발을 묶어놓고 일을 하게 만들려는 사회단체들의 압력은 문제를 더욱 악화시킨다.

도심지의 폭력범죄는 통제를 벗어난 수준이다. 살인 사건이 늘어나고 있다. 반복적으로 강도와 살인을 저지르는 마약상들과 범죄단원들이 너무 많다. 공포를 조장하고 삶을 망치지 못하도록 그들을 거리에서 치워야 한다.

어떤 방법이 효과가 있을지 보여주는 좋은 사례가 있다. 1997년에 버지니아 리치먼드에서 강력범 추방제도Project Exile가 시행되었다. 이 제도에 따라 총기를 소지하고 범행을 저지른 범죄자는 시 법원이나 주 법원이 아닌 연방법원에서 재판을 받게 되었다. 또한 유죄 판결이 내려진 경우에는 가석방이나 조기석방 없이 최소 5년 동안 연방교도소에서 복역해야 했다.

전미총기협회뿐만 아니라 브래디 법안의 후원단체로서 총기 보유 제한을 주장하는 브래디 캠페인Brady Campaign으로부터 지지를 받을 만큼 타당성을 지닌 이 제도는 시행에 들어간 후 효과를 발휘했다. 리치먼드 전역의 광고판에는 이런 문구가 게시되었다. "불법 총기를 소지하면 연방교도소에 5년 동안 갇힐 수 있습니다." 실제로 시행 첫해에 살인과 총기 강도가 약 3분의 1로 줄었고, 350명의 총기 범죄자가 거리에서 치워졌다.

10년이 지나 다소 덜 엄격한 주법으로 이 제도의 핵심 요소를 보완한 후에도, 리치먼드의 살인 사건은 여전히 절반 이상 줄어들었다.

왜 이 사실이 법을 지키는 총기 보유자들에게 중요할까? 우선, 우리 모두가 원하는 대로 범죄를 줄일 수 있는 현명한 접근법을 제공한다. 둘째, 총이 문제가 아님을 분명하게 보여준다. 문제는 위험하고 불안정한 범죄자들이다.

총기 규제를 부추기는 로비 단체들은 이 명백한 사실을 아직 깨닫지 못한 듯하다.

준법 시민에게서 총을 빼앗을 필요가 없다. 불법적으로 총기를 거래하는 범죄자들을 더 엄격하게 단속하면 된다. 강력범 추방제도 같은 제도는 우리 사회를 더 안전하게 만드는 일에 도움이 될 것이다.

범죄와의 전쟁에서 또 다른 중요한 점은 경찰의 명성에 먹칠을 하는 소수의 경관을 언급하며 비판하는 것이 아니라, 다른 모든 경관들의 노고를 고마워하는 환경을 조성하는 것이다. 나는 경관들이 압박을 못 이겨서 부실한 대응을 하고, 불필요한 공권력을 행사하는 상황을 매우 애석하게 생각한다.

이런 사고는 경찰이 매일 수행하는 모범적인 활동보다 훨씬 많이 보도된다.

한 가지 분명하게 밝혀둘 점이 있다. 우리의 경찰은 매일 접하는 위험한 상황에 놀랍도록 잘 대처한다. 대다수 범죄는 동네 혹은 집안에서 말다툼이 폭력으로 번지면서 일어난다.

이때 누가 호출될까? 당연히 경찰이다. 경찰은 서둘러 달려와 상황을 진정시켜야 한다. 그들은 범죄자로부터 주민을 보호한다. 강도나 살인 사건이 발생하면 형사들은 범인을 잡을 수 있도록 증거를 수집한다. 우리의 경찰은 대단히 전문적이며, 잘 훈련되어 있다.

우리 자신과 가족을 보호하는 것은 궁극적으로 우리의 책임이다. 경각심을 갖고 의심스런 사람이나 물건을 신고해야 한다. 지역 위원회는 경찰을 상대할 때 꼬투리를 잡는 것이 아니라 협력해야 한다. 그리고 친척과 가족으로서 가까운 사람이 갑자기 우울증에 빠지거나, 이상한 행동을 하면서 소셜 네트워크에 협박성 글을 올리면 주의를 기울여야 한다.

또한 우리는 총기를 보유하여 자신을 보호할 권리가 있다. 이 권리는 종교를 선택할 수 있는 권리나 언론이 정부를 비판할 수 있는 권리만큼 근본적이다.

널리 알려진 범죄를 범인이 아니라 총과 연계하는 언론의 보도는 멍청하고 불필요하다.

총이 범죄의 근원이라는 잘못된 생각을 가진 사람뿐만 아니라, 총을 가진 수백만 명의 준법 시민을 비롯하여 모든 국민에게 도움이 될 여러 방법들이 있다.

우선 정신질환자들이 총을 갖지 못하게 만들어야 한다. 정신적으로 문제가 있는 사람들이 총을 가질 수 있는 것은 옳지 않다. 이것은 모두가 동의한다. 당장 시행해야 하지만 몇 가지 난관이 있다.

현실을 직시하도록 하자. 우리의 정신보건체계는 문제가 있으며, 바로잡아야 한다. 정치인들은 지금까지 이 사안을 무시했다. 대단히 복잡하고 큰돈이 들어가기 때문이다.

그러나 지금은 문제를 바로잡아야 한다.

지난 몇 년 동안 우리나라에서 일어난 대량 살상 사건에는 한 가지 뚜렷한 공통점이 있다. 사전에 위험한 징후들이 나타났지만 무시되었다는 것이다. 우리는 미래의 '살인자'들이 드러내는 위험신호를 무시했다. 부모와 친구들, 심지어 페이스북 친구들도 아무 말을 하지 않거나 눈길을 돌려버렸다. 이러한 행동은 책임 있는 행동이 아니다.

정신질환을 가진 대다수 사람들은 폭력적이지 않다. 단지 도움이 필요할 뿐이다. 우리는 그런 사람들을 도울 수 있도록 치료 활동을 확대할 자금과 자원을 투자해야 한다. 그들은 자신, 그리고 지역사회에 위험한 존재다.

거리를 다니지 못하도록 특수시설에 수용해야 하는 사람들도 있다. 판사들은 그들도 권리가 있다고 말한다. 물론 맞는 말이다. 그들은 다른 사람과 자신에게 위험한 존재가 되기 전까지 권리가 있었다. 그러나 위험한 존재가 된 이후에는 이야기가 달라진다. 그 이후에는 학교에 간 자녀들이나 영화관에 간 가족들의 권리를 보호해야 한다.

왜 이것이 법을 지키는 총기 소지자들에게 중요할까? 정신 나간 사람이 총으로 끔찍한 짓을 저질렀을 때 총기 규제 단체나 언론이 비난하는 대상이 바로 그들이기 때문이다. 두 가지 확실한 사실이 있다. 첫째, 이런 비극이 발생하면 총기 소지 반대자들이 바로 상황을 틈타서 주장을 밀어붙인다. 둘째, 그럼에도 그들이 제시하는 어떤 규제안도 비극을 예방하지 못한다.

우리에게는 진정으로 문제를 풀 실질적인 해결책이 필요하다. 사람들이 감정적으로 변한 상황을 이용해 쓸모없는 규제안을 내세우는 사람들의 주장은 필요 없다.

그렇다면 어떻게 해야 법을 지키는 총기 소지자들의 권리를 보호하고 확대할 수 있을까? 모든 국민들에게 사실을 알려야 한다. 지금까지 총기를 금지할 수 있는 여러 가지 방법을 모색하기 위해 오래고도 값비싼 활동들이 진행되었다. 총기 규제 지지자들은 사실상 총을 없애고 싶어한다.

이 전술로는 어디로도 나아가지 못한다.

총기 소지권 반대자들은 여러 형태의 무기에 반대하는 입법을 제안할 때 무서운 표현들을 많이 쓴다. 예를 들어 '공격용 무기'나 '군대식 무기' 혹은 '대용량 탄창'을 금지해야 한다는 식이다.

이 모든 표현들은 약간 무섭게 들린다. 실은 수천만 명이 보유하고 있는 일반적인 반자동 소총과 표준 탄창을 가리키는 것임을 알기 전까지는 말이다.

정책결정자들이 그럴듯한 '명분'을 찾아 총을 노리는 것이 우려된다. 대법원은 정부가 관여할 일이 아니며, 준법 시민들이 어떤 유형의 무기를 보유할 수 있는지 결정할 권리가 없음을 분명히 밝혔다. 국민은 자기 보호를 위해서든, 스포츠를 위해서든, 아니면 다른 목적을 위해서든 용도에 맞는 최고의 총기를 구입할 수 있어야 한다.

지금까지 신원조사를 둘러싸고 많은 추측이 이뤄졌다. 합법적으로 총기를 구매하려는 사람들의 신원을 조사하면 범죄자가 총을 갖지 못하도록 막을 수 있기라도 하는 것처럼 말이다. 1998년 이후 전국적인 신원조사체계가 갖춰졌다. 그래서 총기 구매가 이뤄지는 대부분의 정부인가 총기상에서는 총을 살 때마다 신원조사가 이뤄진다.

그러나 애초에 예상한 대로 정부의 규제를 강화하는 이 조치는 별다른 성과를 내지 못했다. 이 조치의 주된 '효과'는 준법 시민들이 총기를 구매하는 과정을 더 까다롭게 만들었다는 것이다. 거듭된 연구로 밝혀졌듯이 신원조사를 통과하려 하거나 이름을 남길 만큼 멍청한 범죄자는 없다. 그들은 항상 그랬던 것처럼 총기를 훔치든지, 불법적으로 조달하든지, 가족이나 친구로부터 구한다.

신원조사체계는 완전히 실패로 끝난 정부규제의 또 다른 예다. 처음에 이 제도를 도입할 때 정부는 즉각적이고, 정확하며, 공정한 절차를 약속했다. 그러나 실상은 전혀 달랐다.

마지막으로 지적할 사항이 더 있다. 군인들이 기지와 모병소에서 총기를 휴대할 수 있도록 허용해야 한다. 지금까지 확인한 대로 현행 정책은 군인과 그 가족들이 기지에서 방어 수단을 갖지 못하도록 만든다. 정신 나간 사람이 기관총을 들고 설쳐도 그냥 당할 수밖에 없다.

무기를 보유하고 휴대할 수 있는 권리가 준법 시민들에게 대단히 필수적임을 이해해야 한다. 또한 이 권리를 침해하려는 관료주의적 시도는 엄청난 낭비이자 우리 모두에게 위험을 초래한다는 사실을 깨달아야 한다. 더불어 나, 그리고 나의 두 아들은 전미총기협회의 자랑스런 회원이다!

CRIPPLED AMERICA

Part 12

★ ★ ★

무너지는 우리의 인프라

조 바이든 부통령도 알 만큼 명백한 일들이 있다.

가령 우리나라의 인프라가 처한 상황이 그렇다. 바이든 부통령은 이런 말을 한 적이 있다. "어떤 사람의 눈을 가리고 새벽 2시에 홍콩 공항으로 데려간 다음 눈가리개를 벗기고 어디인 것 같냐고 물어보면 '현대적인 공항인 걸 보니 미국인 것 같아요'라고 말할 겁니다. 하지만 뉴욕에 있는 라과르디아 공항으로 데려가서 같은 질문을 하면 '제3세계 국가의 공항 같아요'라고 말할 겁니다."

다행인 건 런던 다리가 아직은 무너지지 않았다는 것이다.★

애리조나 레이크 하바수 시티Lake Havasu City에 있는 다리만이 미국에서 무너질 위험이 없는 다리일 것이다.

공항, 다리, 수로, 전력망, 철도를 비롯한 인프라 전체가 무너지고 있는데도 우리는 아무런 조치를 취하지 않고 있다. 전 교통부 장관인 레이 라후드Lay LaHood는 이 모든 문제를 알았기에 올바른 말을 했다. "안전한 교통체계를 갖추려면 투자를 해야 합니다. 우리는 그렇게 하지 않았어요."

그는 우리가 인프라 문제를 '겨우 명맥만 유지하는' 방식으로 대응한다며 이렇게 지적했다. "비전도 없고, 문제를 바로잡겠다는 리더십도 없습니다. 그저 임기응변으로 때우고 넘어가려 하는데 그런 방식으로

★ 동요 〈런던 다리가 무너지네(London Bridge is falling down)〉에 빗댄 말이다.

는 안 됩니다."

미국의 인프라가 무너지고 있다. 엔지니어들이 밝힌 바에 따르면 9개의 다리 중 1개는 구조적 결함을 안은 상태이고, 약 4분의 1은 이미 제 기능을 할 수 없으며, 약 3분의 1은 내구연한을 넘겼다.

일부 다리는 이미 무너졌다. 이 문제를 다룬 책을 쓴 배리 르파트너 Barry LePatner는 이렇게 밝혔다. "1989년 이후 600개가 넘는 다리에 문제가 생겼으며, 모든 주에 있는 수많은 다리가 대중에게 실질적인 위험을 가하고 있다."

현재 우리의 인프라는 끔찍한 상태에 있다. 게다가 갈수록 상태가 악화되고 있으며, 고치는 비용도 늘고 있다. 이미 생산성 저하에 따른 손실이 연간 2천 억 달러에 이르렀다. 이 수치는 해마다 늘어난다. 사무실이나 공장에서 일을 해야 할 사람들이 막히는 도로나 고장난 열차에서 많은 시간을 낭비한다. 상품을 날라야 할 화물차 운전자들도 부실한 고속도로 때문에 시간을 엄청나게 허비한다.

나는 뉴욕의 교통정체가 전국에서 가장 나쁘다고 생각했다. 그러나 이제는 전혀 그렇지 않다. 정체 문제는 전국적으로 퍼져 있다. 도로는 구멍투성이다. 공항은 어떠냐고? 부끄러운 수준이다.

조 바이든도 인정할 정도면 얼마나 나쁜지 알 수 있다.

라과르디아 공항에 착륙할 때는 비행기 바퀴가 떨어져나간 것처럼 느껴진다.

중국이나 카타르에서 출발했다면 마치 다른 세계에서 온 듯한 느낌이 든다. 다행히 라과르디아 공항은 마침내 수십억 달러의 재건 비용을 확보했지만, 여기만 그런 것이 아니다. 전국적인 문제다. 로스앤젤레스 국제공항은 완전히 다른 종류의 재난이다.

모든 것이 돌아가도록 해주는 전기 인프라인 전력망은 심하게 낡았다. 향후 전력 수요를 감당할 길이 없다. 미국의 고속 인터넷은 세계 16위에 불과하다. 외국을 다니다 보면 믿을 수 없을 만큼 멋진 곳들이 많다. 그런 곳에는 제대로 관리된 다리, 터널, 공항들이 있다. 또한 훌륭한 고속도로와 대단히 효율적인 전력망이 있다.

그러다가 미국에 돌아오면 교통정체에 발이 묶이고, 조금 달리다보면 바퀴가 구멍에 부딪힌다. 이런 사정은 전혀 나아지지 않는 것처럼 보인다.

왜 이런 문제들이 해결되지 않는 것일까? 바로 책임자들이 방법을 모르기 때문이다.

우리는 마땅히 대가를 지불해야 하는 다른 나라들을 보호하기 위해 수십억 달러를 쓰면서도 여러 도시에 필요한 도로나 학교조차 만들지 못한다. 나는 중국에 여러 번 방문했다. 중국에서는 사방에 크레인들이 우뚝 서 있다. 중국은 엄청나게 빠른 속도로 신도시들을 건설하는데 우리는 지붕창을 설치하기 위해 허가를 받는 데만도 몇 년이 걸린다.

세계경제포럼은 미국의 인프라를 스페인, 네덜란드, UAE보다 뒤처진 세계 12위로 평가한다. 우리가 인프라를 고치거나, 만들거나, 관리하는 데 필요한 만큼 돈을 쓰지 않기 때문이다. 유럽과 중국은 GDP의 최대 9퍼센트를 인프라 사업에 투자한다. 우리는 고작 2.4퍼센트에 불과하다.

건설 분야라면 트럼프 이야기를 해야 한다. 우리나라에 나만큼 자기 이름을 걸고 다양한 분야의 건설사업을 진행한 사람은 없다.

뉴욕시는 스케이트장을 만들려고 7년을 허비했다. 나는 4개월 만에 예산보다 적은 돈으로 완성했다. 또한 누구도 허드슨 강을 내려다보는 거대한 조차장을 어떻게 개발해야 할지 몰랐다. 지금 그 곳에 가면 모두 트럼프라는 이름을 단 수천 채의 아름다운 아파트들을 볼 수 있다.

뉴욕시에서 가장 훌륭한 빌딩 중 하나인 월 스트리트 40번지를 생각해보라. 한때 이 빌딩은 크라이슬러 빌딩과 함께 세계 최고 빌딩에 속했다. 그러다가 관리부실로 형편없는 상태에 빠져서 사무실을 임대할 수 없는 지경에 이르렀다.

나는 이 빌딩을 사들여서 전면적으로 보수했다. 덕분에 지금은 일류 빌딩으로서 100퍼센트 임대율을 기록하며 높은 수익을 올리게 되었다. 또한 팜비치에 있는 나의 집인 마라라고는 한때 전국 최고의 저택이었지만 전 소유주인 정부가 방치한 상태였다. 누구도 이 저택의 잠재력을 다시 살릴 비전을 갖고 있지 않았다. 나는 이 저택을 다시 짓고 꾸몄다. 그렇게 해서 지금 어떤 모습이 되었는지는 인터넷에서 한번 확인해보

라. 우리는 이 저택을 과거처럼 멋지게, 그리고 더 좋게 만들었다!

우리나라도 이렇게 만들 수 있다.

나는 워싱턴 DC의 펜실베이니아 애비뉴에 있던 구 우체국 건물을 세계 최고의 호텔로 바꾸고 있다. 나는 이 건물을 총무청으로부터 매입했다. 사실 나 말고도 희망자가 많았다. 그러나 총무청은 특별한 건물로 바꿀 수 있는 매수자를 원했기 때문에 내게 팔았다. 내가 이 건물을 매입할 수 있었던 데는 네 가지 이유가 있었다. 첫째, 우리는 정말 뛰어났다. 둘째, 우리에게 정말 좋은 계획이 있었다. 셋째, 우리의 재무 상황이 정말 좋았다. 넷째, 우리는 합의한 내용을 지키거나 심지어 뛰어넘는데 좋은 정도가 아니라 아주 탁월했다. 진정한 전문가인 총무청은 처음부터 우리를 알아보았다.

우리나라도 이렇게 운영되어야 한다.

인프라 개선 사업은 역대 최대 규모가 될 것이다. 이 문제를 바로잡을 두 번째 기회는 없을 것이다. 한 가지 물어보자. 당신의 집이 부실해져서 완전히 무너지기 전에 고칠 사람을 고용해야 한다면 누구를 고용하겠는가? 어떻게 고치겠다고 말하는 사람인가 아니면 이미 여러 번 능력을 증명한 사람인가?

미국이라는 우리의 집이 부실해지고 있다. 나는 숱한 개발 사업을 진행했다. 나는 자금을 확보했고, 끝없는 문제를 해결했고, 적임자를 영입했으며, 일을 완수했다. 정치인들은 일을 완수했다는 말을 할 줄 모른다.

계속 세계 최대 경제대국이 되고 싶다면 인프라 문제를 해결할 방법을 찾아야 한다는 데는 의문의 여지가 없다. 경제는 말 그대로 계속 돌아가야 한다. 그러기 위해서는 경제 활동을 뒷받침하고 촉진할 인프라가 필요하다.

미국 역사상 최대 규모의 장기 건설 사업을 시작하려면 적임자에게 맡겨야 한다. 풍부한 경험이 있으며 엄청난 책임에 위축되지 않는 사람, 노조와 하청업체 그리고 당연히 변호사들을 상대할 줄 아는 사람 말이다. 나는 이런 사람들을 매일 상대하며, 지는 일이 없다.

복잡한 문제에 접근하는 방식은 사람마다 다르다. 처음부터 머리를 저으며 할 수 없다고 생각하는 사람들도 있다. 그런 사람들을 부르는 명칭이 있다. 바로 주지사다. 또한 문제를 이야기하고, 다른 사람의 돈을 마구 써대며, 도면까지 보여주는 사람들도 있다. 그런 사람들을 부르는 명칭도 있다. 바로 상원의원이다.

인프라 개선 사업은 내게 주요 사업이 될 것이다. 뉴햄프셔에서 수천 명을 상대로 연설할 때 한 젊은이가 화성 유인 탐사 계획에 대한 의견을 물었다.

나는 "멋진 일이라고 생각합니다. 하지만 우선 지구에 있는 인프라부터 재건하고 싶네요"라고 대답했다. 달에 사람을 보낼 수 있는 나라가 어떻게 오헤어 국제공항으로 가는 도로에 난 구멍을 메우지 못하는지 이해가 되지 않는다.

우선순위는 어디에 있는가?

화성으로 가는 다리를 만들기 전에 미시시피 강에 있는 다리들부터 무너지지 않도록 만들자.

나는 어려운 과제에 도전하는 일을 즐긴다. 할 수 없다고 말하는 일에 나보다 더 잘 대응하는 사람은 없다. 다른 사람들이 보는 끔찍한 문제는 내게 좋은 기회가 된다. 건설보다 경기를 잘 촉진하는 분야는 없다.

몇 년 전에 신용평가사인 무디스가 계산한 바에 따르면 고속도로와 공립학교를 위한 인프라 개선에 투자하는 1달러는 1.44달러의 혜택을 안긴다고 한다. 또한 의회예산국은 인프라 투자가 직접적으로 경기에 가장 강력한 영향을 미치는 투자 중 하나라고 발표했다.

왜 그런지 아는가? 바로 일자리 때문이다.

건설사업은 사람들을 일하게 만든다. 현장 노동자뿐만 아니라 제조업체 직원, 하청업체 직원, 설계사, 심지어 변호사들까지 말이다. 상원 예산위원회가 추정한 바에 따르면 인프라 재건 사업은 1,300만 개의 일자리를 창출한다.

우리 경제에는 더 많은 일자리가 필요하다. 나는 발표된 실업률을 알지만 부활절 토끼가 없다는 사실★도 안다. 건설 부문이나 다른 부문의

★ 부활절 토끼(Easter Bunny). 부활절 때 달걀을 가져다준다는 토끼다. 산타클로스처럼 착한 아이들을 위해 집 주변에 달걀을 숨겨놓는다는 속설이 있다.

노조에게 얼마나 많은 노조원들이 일자리를 찾고 있는지 물어보라. 일이 없는 전기공, 배관공, 석공에게 좋은 일자리를 찾기가 얼마나 어려운지 물어보라.

우리가 할 일을 제대로 한다면 방대한 인프라를 처음 구축한 뉴딜 이후 최대의 호황을 일으킬 수 있다. 복잡한 문제가 아니다. 민주당도 알 만큼 명백한 일이다.

가장 큰 문제는 얼마나 많은 비용이 들어갈지, 그리고 어디서 재원을 확보할지다. 사업에 필요한 자금을 조달하는 일은 대다수 정치인들이 이해하기에는 너무 복잡하다. 인프라 재건 사업에는 서류에 적힌 수치가 아니라 실제로 존재하는 진짜 돈이 필요하다. 또한 적절하게 예산을 짜려면 경험이 필요하다.

정치인들이 세금을 낭비하는 모습을 봤다면, 수조 달러 규모의 인프라 재건 사업을 절대 그들에게 맡겨서는 안 된다는 데 동의할 수밖에 없다고 생각한다.

나는 건설사업을 진행할 때 자금을 살핀다. 적어도 일부는 내 주머니에서 바로 나오며, 내가 일을 똑바로 하면 훨씬 많은 돈이 그 주머니로 다시 들어간다. 나는 비용이 얼마나 드는지, 어디에 돈이 쓰이는지, 누가 일을 잘하는지, 누가 게으름을 피우는지 안다. 우리 정부도 그래야 한다.

연방 정부 차원에서도 인프라 재건 사업은 분명 부담스러운 투자일 것이다. 그러나 장기적으로 보면 비용을 충당하고도 남는 혜택을 안길 것이다. 사업이 진행되는 동안 경기를 촉진하고, 완료된 후에는 경제 활동이 훨씬 쉬워지기 때문이다. 또한 제 시간에 예산보다 적은 돈을 들여서 완료할 수 있다.

사업에 필요한 자금을 조달하는 데는 여러 방법이 있다. 일을 완수하려면 다양한 재원을 조합해야 한다. 일부 경우에는 채권을 발행해야 할 것이다. 자금은 존재한다. 필요한 곳으로 가져오기만 하면 된다. 좋은 점은 모든 시와 주에 사업 수요가 있다는 것이다. 그래서 지자체를 넘어서 적극적으로 사업이 확대될 수 있을 것이다.

진정으로 미국을 다시 위대하게 만들고 싶다면 이 부문에서 시작해야 한다. 인프라 재건 사업은 일자리를 창출하고 경기를 촉진할 뿐만 아니라 긴 하루를 마치고 집으로 가는 일을 더 쉽게 만들어줄 것이다. 그리고 미국을 다시 멋지게 만들 수도 있다.

CRIPPLED AMERICA

Part 13

★ ★ ★

가치관

나는 "어떻게 해야 부자가 되나요?"라는 질문을 항상 받는다. 이 질문의 진정한 의미는 "어떻게 해야 행복해지나요?"이다.

대다수 사람들은 돈이 많으면 저절로 행복해진다고 생각한다. 물론 부자가 되면 멋진 기회가 많이 주어진다는 사실을 부인하지는 않겠다. 그렇다고 해서 반드시 행복해지는 것은 아니다. 나는 부와 행복이 완전히 다른 문제라는 것을 배웠다.

나는 세계적인 부호들을 안다. 그들 중 다수는 뛰어난 협상가이자 기업가다. 그러나 그들이 반드시 좋은 사람은 아니며, 가장 행복한 사람도 아니다. 그들은 부유하고 똑똑하다. 나 대신 협상을 하는 일이라면 언제든 그들을 고용할 것이다. 그러나 그들의 개인적 삶은 허전한 구석이 있을지도 모른다.

내가 아는 가장 행복한 사람들은 좋은 가족과 진정한 가치관을 지닌 사람들이다. 나는 그들이 사는 모습을 보면서 이 사실을 알게 되었다. 사랑하는 배우자와 자녀를 둔 사람은 행복하다. 종교도 행복에서 아주 커다란 역할을 한다. 신을 섬기는 사람은 종교를 통해 엄청난 기쁨과 만족을 얻는다.

내가 〈어프렌티스〉에서 출연자들을 해고하는 모습을 본 사람이나 내가 쓴 베스트셀러들을 읽은 사람, 혹은 내가 진행하는 세미나에 참석한 사람들은 나를 잘 안다고 생각한다. 그러나 그들이 아는 것은 나의 직업적 일부, 사업가로서의 면모에 불과하다. 나는 대개 개인적 삶이나 가치관 혹은 어떻게 지금과 같은 사람이 되었는지는 그다지 이야기하지 않았다.

우선 부모님은 내게 엄청난 영향을 끼쳤다. 아버지는 부자였지만 자식들이 열심히 일하게 만들었다. 분명히 말하건대 아버지는 우리에게 어떤 것도 그냥 주지 않았다. 나와 내 형제자매들은 원하는 것을 얻기 위해 일해야 했다. 아버지는 브룩클린의 거친 동네에서 임대료를 걷을 때 나를 데리고 다녔다. 집주인 노릇은 그다지 재미있는 일이 아니었다. 강하지 않으면 안 되는 일이었다.

아버지는 초인종을 누른 다음 문 옆으로 비켜섰다. 한 번은 그 이유를 물었다. 그러자 아버지는 "가끔 문에 대고 총을 쏘는 사람들이 있거든"이라고 대답했다. 대개 임대료를 걷는 징수원들도 같은 방식으로 몸조심을 했다.

나는 아버지에게 노동윤리를 물려받았다. 나는 나보다 열심히 일하는 사람을 보지 못했다. 나는 항상 일한다. 돈을 벌려고 그러는 것이 아니다. 단지 달리 사는 법을 모르고 이렇게 사는 것이 좋기 때문이다.

부모님이 나를 키운 방식대로 내 아이들을 키웠다. 내게는 5명의 훌륭한 아이들이 있다. 큰 아이들이 자라나는 동안에는 거의 매일 함께 저녁을 먹었다. 아이들이 필요로 할 때 나는 거기에 있었다.

사실 나는 남편 노릇보다 아버지 노릇을 훨씬 잘했다. 나는 아내들이 원하는 남편이 되려고 항상 너무 열심히 노력했다. 내 잘못이다. 나는 부동산과 사업에서 이름을 남기고 있었으며, 부부관계를 양립시키기 어려웠다.

반면 아이들의 경우는 이야기가 다르다. 나는 항상 아이들과 함께했다. 장남과 차남은 자기들이 불도저를 몰 줄 아는 유일한 억만장자의 아들들이라고 말한다. 또한 딸 이반카는 친구들이 남프랑스에 놀러간 동안 뉴욕에서 일을 했다.

우리 아이들은 훌륭한 어머니들을 두었다. 덕분에 근면하고 공손한 성인으로 성장했다. 그런 아이들이 더없이 자랑스럽다. 일부 친구들처럼 자녀들의 마약이나 술 문제로 골치를 썩인 적이 없었다. 앞으로도 그럴 일이 없기를 바란다! 이제 나는 아이들이 좋은 부모가 되어가는 모습을 지켜본다.

퀸즈에서 자란 나는 상당히 거친 아이였다. 나는 동네에서 제일 센 아이가 되고 싶었으며, 모두에게 함부로 대들면서 누구에게도 물러서지 않았다. 솔직하게 말하면 나는 약간 말썽꾼이었다. 결국 부모님은 나를 뉴욕군사학교로 보냈다. 거기서도 나는 몇 번의 다툼을 벌였다.

싸우는 것이 무섭지는 않았지만 시간이 지나니까 철이 들었다. 그래서 다른 사람을 존중하고, 자제심을 발휘하는 법을 배웠다. 덕분에 3학년에 올라가면서 최고 직위에 속하는 단장이 되었다.

나는 어머니에게서 종교적 가치관을 물려받았다. 처음 다닌 교회는 퀸즈 자메이카에 있는 제일장로교회였다. 나는 일요일마다 성경학교에 나갔다. 이 교회는 내게 강한 영향을 미쳤다. 나이가 들어서는 노먼 빈센트 필Norman Vincent Peale 목사가 있는 뉴욕의 마블협동교회Marble Collegiate Church와 팜비치의 베데스타해변교회Bethesda-by-the-Sea에 다녔다.

필 목사는 내가 좋아하는 스타일의 목사였다. 개인적으로도 그를 좋아했다. 특히 그의 설교가 좋았다. 그는 하나님에 대한 긍정적인 감정을 불어넣어 주었고, 이 감정은 나 자신도 긍정적으로 느끼도록 만들었다. 그래서 설교를 세 번이라도 더 들을 수 있을 것 같은 마음으로 교회를 나섰다.

나는 고전으로 자리 잡은 《긍정적인 생각의 힘The Power of Positive Thinking》을 쓴 필 목사로부터 많은 것을 배웠다.

내가 기독교 신자이자 종교적인 사람이라는 사실을 알면 사람들은 아마 놀랄 것이다. 온갖 부를 누리며 사는 내 모습을 보고 종교와는 거리가 멀다고 생각하는 것이다. 그렇지 않다. 나는 교회에 다니고, 하나님을 사랑하며, 하나님과 소통하는 일을 사랑한다.

이전에도 말한 적이 있지만 성경은 지금까지 쓰인 모든 책 중에서 단연코 가장 중요한 책이다.

아마도《거래의 기술》이 두 번째일 것이다(농담이다!).

나는 오랫동안 교회와 좋은 관계를 맺어왔다. 하나님은 매일 나의 생활 속에 있다. 일요일마다 교회에 가지는 않지만 가능한 한 자주 간다.

그래서 특별한 행사가 열리는 일요일이나 중요한 명절에는 항상 교회에 간다. 사람들은 내가 좋아하는 성경을 자주 준다.

지미 팰런Jimmy Fallon이 진행하는 프로그램에 출연했을 때 이런 질문을 받은 적이 있다. "지금까지 한 번이라도 사과한 적이 있나요?" 나는 사과는 멋진 일이지만 먼저 잘못해야 하는 것이라고 대답했다. 그리고 이렇게 약속했다. "먼 훗날 혹시라도 내가 잘못하면 사과하죠." 당연히 청중들은 웃음을 터트렸다. 내가 잘못한 적이 있는지 알고 싶다면 우리 아이들에게 물어보는 것이 가장 좋다. 아마 사실을 말해줄 것이다.

물론 내가 잘못을 저지른 적도 있다. 한 번도 잘못한 적이 없는 사람이 있다면 내게 데려와 보라. 나는 잘못을 하면 바로잡으려 애쓴다. 그리고 앞으로 더 잘하려 애쓴다.

나는 복음서가 공공정책을 선택하는데 영향을 미칠지 묻는 질문을 받기도 한다. 1928년에 천주교 신자인 알 스미스Al Smith가 대선에 나선 이후 공직선거에 나선 모든 후보가 같은 질문을 받았다. 많은 사람들이 케네디가 1960년에 모든 국민을 위한 대통령이 되겠다고 말하면서 이 문제를 종결지었다고 생각한다. 나는 나이며, 복음서는 내 마음 깊은 곳에서 내가 나 자신이 되도록 도와주었다. 사업을 할 때는 종교적 신념을 토대로 결정을 내리지는 않는다. 그래도 종교적 신념은 항상 내 마음속 깊은 곳에 자리 잡고 있다.

내가 불쾌하게 여기는 것은 우리가 공적으로 종교적 신념을 대하는 방식이다. 공적인 자리에서 내세울 수 있는 것뿐만 아니라, 말할 수 있는 것과 말할 수 없는 것도 있다. 그러나 우리의 깊은 종교적 신념이 이 나라를 위대하게 만들었다. 성경의 교훈에 대한 믿음은 미국의 성장과 성공에 많은 영향을 미쳤다.

이는 우리의 전통이며, 200년이 넘도록 잘 통했다. 우리는 오랫동안 공적인 장소에 아름다운 구유를 두었으며, 누구도 불평하지 않았다.

그런데 지금은 어떤가? 성모 마리아와 아기 예수를 보는 일이 드물다. 심지어 '크리스마스'라는 단어도 논쟁의 대상이 되었다.

세상에 누가 '메리 크리스마스'라는 말을 불쾌하게 여기겠는가? 이 인사말은 다른 종교를 비판하지 않으며, 다른 종교를 믿는 사람들을 멸시하지도 않는다. 그저 아름다운 전통일 뿐이다.

나는 자신의 종교를 존중해달라고 요구하는 사람이 종종 다른 사람의 종교를 존중하지 않는 이유를 이해할 수가 없다. 매주 기독교와 관련된 사안에 부정적인 결정이 내려지는 듯하다. 이것은 정말 말도 안 되는 일이다. 대통령은 당장 조치를 취해야 한다. 설령 사법체계를 거쳐야 한다고 해도 그렇게 해야 한다. 그러나 지금의 대통령은 그렇게 하지 않고 있다.

내가 오바마 대통령을 좋아하지 않는다는 사실은 잘 알려져 있다. 나는 그가 형편없는 대통령이었다고 생각한다. 그의 경험 부족과 오만함은 이 나라에 큰 부담을 지웠다. 그는 군을 약화시켰고, 우방을 소외시켰으며, 적국을 부추겼다. 또한 권한을 넘어선 행정조치로 권력을 남용했다. 차기 대통령은 그가 취한 많은 조치를 되돌리고 취소해야 할 것이다.

나는 뉴햄프셔 행사에서 어떤 사람이 무슬림을 적대시한다고 간주되는 발언을 했을 때, 제대로 대응하지 않았다고 많은 비판을 받았다. 사람들은 저마다 신념과 의견이 있다. 대통령을 변호하는 것은 내 일이 아니다. 오바마 대통령도 나를 변호한 적이 없다.

내가 여성을 어떻게 생각하는지 궁금한 사람은 우리 회사의 조직을 살펴보기만 해도 알 수 있을 것이다. 여성에 대한 나의 긍정적인 인식은 우리 회사에서 일한 여성의 수에 반영되어 있다. 나는 감당할 수 있다는 사실을 알았기 때문에 어느 누구보다 일찍 여성들을 주요 보직에 앉혔다. 뉴욕시에서 여성을 주요 건설사업의 책임자로 처음 앉힌 사람도 나였다.

〈어프렌티스〉에서 나는 항상 여성도 비즈니스 능력이 있음을 지적했다. 나와 일한 여성들에게 물어보면 모두 같은 말을 할 것이다. 내가 엄격하고 까다로운 상사라고 말이다. 나는 성공을 보상하고 실패를 처벌한다. 또한 여성 부하직원도 남성 부하직원과 같이 대한다. 능력을 증명하면 책임을 부여하며, 급여나 승진 혹은 해고에서 남성과 같은 기준을 적용한다.

나는 지금까지 여성을 대한 나의 태도를 더없이 자랑스럽게 여긴다.

아마 여성 문제와 관련해서는 내 딸이 나를 대변해줄 것이다. 나는 아이들이 나와 함께 일할 뿐만 아니라, 내가 비판받을 때 먼저 나서서 변호해준다는 사실을 대단히 자랑스럽게 여긴다.

C R I P P L E D   A M E R I C A

Part 14

★ ★ ★

새로운 게임

사람들이 하는 농담과 달리 나는 백악관 지붕에 밝은 네온사인을 달 필요가 없다고 생각한다. 추가로 별관을 붙이거나 공중권을 팔 필요도 없다.

그러나 백악관에 사업감각을 불어넣을 필요는 있다고 생각한다.

한 가지 확실하게 말할 수 있는 점은 오바마와 달리 나는 이 나라를 위해 자랑스럽고도 당당하게 나선다는 것이다. 나는 지금까지 그랬던 것처럼 미국을 위한 최고의 응원단장이 될 것이다. 계속 지기만 하던 미국이 아니라 이기던 미국 말이다.

평생을 통해 분명하게 보여줬듯이 나는 적의 눈을 똑바로 들여다보며 내가 믿는 그대로 말하기를 두려워하지 않는다.

나는 정치적 공정성에 연연하지 않는다. 여론조사 결과가 있어야 결정을 할 수 있는 사람도 아니다.

나는 내 접근법을 왜 바꿔야 하는지 모르겠다.

우리나라가 직면한 문제들은 너무나 중요하다. 그래서 현재 우리가 어떤 상황에 처했는지, 그리고 어떤 일을 해야 하는지 솔직하게 판단해야 한다.

우리는 세계적으로 유일하고 특별한 나라로서 뒤따르는 것이 아니라 이끌어야 한다.

지는 것이 아니라 이겨야 한다.

우리에게는 멋진 역사가 있다. 미국은 지구 역사상 가장 위대한 국가다. 그런데도 어떤 이유인지 우리 리더들은 우위를 활용하기를 꺼린다.

나는 내가 하는 모든 일에서 브랜드를 드러냄으로써 세계적으로 존중받는 브랜드를 만들었다. 나는 내가 파는 물건을 스스로 자랑스러워하지 않으면, 다른 사람들도 자부심을 느낄 이유가 없다는 사실을 오래전에 깨달았다.

나는 우리 회사의 건물과 제품에 내 이름을 내걸며, 뒤에서 떠받친다. 사람들은 내 이름이 붙은 모든 물건에서 최고의 품질을 기대한다.

이 세상에서 내가 우리나라보다 자랑스럽게 여기는 것은 없다. 나는 언제나 미국의 최고 방어자이자 영업인, 그리고 응원단장이 될 것이다.

미국은 자유세계의 리더다. 우리는 이 사실을 내세우고, 우리나라뿐만 아니라 전 세계의 자유를 수호하기 위해 필요한 일을 할 준비가 되었음을 분명히 알릴 권리를 얻었다.

우리의 국가가 말하는 내용은 옳다. 미국은 자유의 땅이자 용자들의 집이다. 이제는 우리가 이 메시지에 맞게 행동하고 기꺼이 뒷받침할 것임을 세상에 알릴 때가 되었다.

미국을 다시 위대하게 만드는 일은 한 말을 지키는 것을 뜻한다. 우리는 오바마 대통령이 모래에 선을 그었다가 다른 선을 긋고, 나중에는 아예 선조차 긋지 않는 모습을 보았다. 그 결과 우리는 우리 자신과 역사에 부끄러운 존재가 되었다.

우방이 신뢰하지 않고 적국이 두려워하지 않으면 모든 신뢰를 잃는다. 현재 우리 우방들은 우리에게서 무엇을 믿을지, 혹은 우리의 말을 얼마나 중시해야 할지 모른다. 오바마 대통령은 오랫동안 허공에 대고 말을 해왔다.

우리는 푸틴이 그를 무시하는 모습을 보았다. 우리는 시리아에서 전쟁을 벌이는 거의 모든 분파들이 그에게 신경 쓰지 않는 모습을 보았다. 우리는 중국이 우리의 무역정책으로 엄청난 이득을 누리는 모습을 보았다. 우리는 이란이 핵 문제를 논의하는(그리고 협력의 '새 시대'를 열었다고 말하는) 협상장에서 자리를 뜨고, 두어 주 후에 이스라엘을 파괴하겠다고 협박하면서 미국을 조롱하는 모습을 보았다.

국내에서는 백악관에서 불과 몇 블록 떨어진 의회가 정부를 폐쇄할지 여부를 논의하고 있다. 거의 한 해 걸러 한 번씩 이런 일이 벌어지고 있다.

우리에게는 과거처럼 존경받는 위상을 회복시켜줄 리더가 필요하다. 나는 자세하고 세부적인 정책을 발표하지 않는다고 비판받았다. 우리나라가 실행할 것이라는 믿음을 얻지 못하는 상황인데 세부적인 계획이 무슨 소용인가? 그래도 어쨌든 나는 계획을 발표할 것이다.

기본으로 돌아가자. 진보와 평화의 원동력으로 인정받았기에 국민들이 품었던 위대한 미국으로 돌아가자.

내가 사업을 하면서 얻은 많은 교훈은 현재 우리가 처한 상황에 적용할 수 있다. 가장 중요한 교훈은 자신이 한 말을 뒷받침하고 올바로 지켜야 한다는 것이다. 나와 거래한 사람들은 내가 진심이 담기지 않은 말은 하지 않는다는 사실을 알 것이다.

나는 지킬 수 없는 약속을 하지 않는다. 싸울 자신이 없으면 위협하지도 않는다. 나를 겁먹게 만들 수 있다고 생각하는 것은 실수다. 나의 사업 파트너와 직원들은 내 말이 계약만큼 확실하며, 상대방도 그래야 한다는 사실을 안다.

나는 나의 약속, 그리고 국가로서 우리의 약속을 뒷받침한다.

나는 국내에서는 의심의 여지없이 헌법을 뒷받침할 것이며, 국외에서는 우방을 뒷받침할 것이다.

어떤 우방이나 우방의 지도자도 우리의 확고한 지원을 다시 의심하는 일이 있어서는 안 된다.

어떤 적국이나 적국의 지도자도 죽을 때까지 싸운다는 우리의 결의를 오해해서는 안 된다.

이스라엘 대통령이 미국까지 와서 의회에서 우리가 뒷받침했던 것들을 설명할 필요가 없어야 한다.

미국을 다시 위대하게 만든다는 것은 결코 뒤로 물러서지 않음을 뜻한다. 물론 과거의 영웅적인 행동에서 영감을 받겠지만 이제부터는 앞으로만 나아갈 것이다. 어린 시절에 운동경기를 할 때 쓰던 탈의실에는 이런 문구가 있었다. "첫 걸음을 뒤로 뗀다면, 그냥 계속 물러서는 편이 낫다."

다시 말해서 패배를 받아들인다면 이미 진 것이다.

사업을 하다 보면 전략을 바꾸거나 아예 거래를 포기하는 편이 나은 때가 있다. 나쁜 거래에서 발을 빼는 것을 두려워해서는 안 된다.

누군가 이 원칙을 오바마 대통령과 존 케리에게 설명해줘야 한다.

"더 이상은 안 된다"라고 말할 의지가 있어야만 상대의 행동을 바꾸게 만드는 힘을 얻을 수 있다.

완전히 경직된 자세로 협상에 임할 수는 없다. 그러나 핵심원칙과 강점을 둘러싼 문제에서는 절대 물러서거나 후퇴해서는 안 된다. 군을 재건해서 누구도 우리의 힘이나 의도를 의심하지 못하도록 만들어야 할 이유가 여기에 있다. 우리가 도전을 맞받아치면 다른 나라의 지도자들은 우리의 능력을 의심하기 전에 진지한 고민을 해야 할 것이다.

내가 사업을 하는 방식은 직선적이다. 나는 크게 생각하고, 높이 겨냥하며, 목표와 그 너머를 향해 계속 밀어붙인다. 결국 원하는 곳에 이르지 못할 수도 있지만 처음에 세운 기본적인 목표는 절대 타협하지 않을 것이다.

미국을 다시 위대하게 만들기 위해서는 똑똑한 최고의 인재들이 정계로 와서 우리나라를 앞세우는 일에 동참하도록 설득해야 한다. 사실 정치인들은 정부의 이미지를 더럽혔다. 이는 안타까운 일이다. 최고의 인재들은 어떤 일도 이뤄지지 않는 관료사회로 들어오지 않으려 한다.

누가 그들을 탓할 수 있을까?

정부에 필요한 사람들은 일을 완수할 줄 아는 실행자들이다. 그들은 어떤 산업에서도 이미 스타이거나 스타가 될 직원과 임원들이다. 훌륭한 리더들이 영감을 주기를 기다리는 공무원들도 많다.

오래전에는 이런 사람들이 정부기관에 들어가려 했다. 정부가 국민들을 돕기 위해 존재하며, 일을 잘하면 나라에 기여할 수 있다고 믿었기 때문이다. 그들은 정부의 도움이 지니는 가치를 믿었다.

그러나 현재 정부에 있는 사람들은 사기를 잃었다. 외부자들은 정부에 들어가려 하지 않는다. 변화를 일으키려고 정부에 들어간 사람들은 자신이 변하는 모습을 지켜보았다. 그 변화는 좋은 방향으로 이뤄진 것이 아니었다.

야심찬 공무원들은 관료주의의 벽을 깨지 못하고 결국 민간 부문으로 옮겨간다. 그래서 대개 자리만 보전하려는 '평생 공무원'들이 일상적인 업무만 한다.

이는 끔찍한 현실이다. 지금 미국 정부는 일을 해보려 해도 좌절하는 좋은 공무원들로 가득하다. 민간 부문의 인재들은 정부로 들어가려 하지 않는다. 그래서 어떤 일도 이뤄지거나 개선되지 않는다.

미국을 다시 위대하게 만들려면 정부에 역동적인 분위기를 만들고, 올바른 인재를 올바른 자리에 앉혀야 한다. 우리 회사가 인재들을 확보하는데 어려움을 겪지 않는 이유 중 하나는 그들이 거대한 사업을 추진하는 진취적인 회사에서 중요한 역할을 하게 된다는 사실을 알기 때문이다. 우리 회사는 신명나게 일을 할 수 있는 곳이다.

사람들은 우리 회사 같은 곳에 들어오고 싶어한다. 그들은 성과에 따라 평가받고 존중받을 것임을 안다. 또한 우리 회사에서 보내는 삶이 절대 지루하지 않을 것이며, 회사의 성공을 위해 열심히 노력하면 넉넉한 보상을 받을 것임을 안다.

실로 유능한 인재들은 미래의 일부가 되는 것을 좋아한다. 물론 예산을 관리해야 하므로 전반적인 인원은 줄어들 것이다. 다만 최고가 되기 위한 경쟁이 훨씬 치열해질 것이다.

미국을 다시 위대하게 만들려면 거리와 법원에서 법과 질서를 회복해야 한다. 우리 경찰들은 치안을 최대한 잘 유지해왔다. 그러나 필요한 지원을 받지 못해 갈수록 일이 힘들어지고 있다. 군과 마찬가지로 경찰도 자신, 그리고 정직하고 근면한 시민들을 보호하는데 필요한 장비를 갖출 수 있어야 한다.

정부는 범죄자를 감쌀 것이 아니라 경찰의 편에 서야 한다.

그러기 위해서는 법의 허점을 찾거나 법을 자의적으로 해석하지 않고 법을 지킬 판사를 재판석에 앉혀야 한다.

또한 헌법에 명기된 대로 법을 만드는 일을 입법자들에게 남겨둘 판사들을 대법원뿐만 아니라 연방사법체계 전체에 걸쳐 임명해야 한다. 차기 대통령은 2명 이상의 대법원 판사를 임명할 수 있다. 이 임명은 향후 수십 년 동안 법원이 나아갈 방향을 좌우할 것이다. 그래서 올바른 자질을 가진 판사가 최고 법원에 들어가도록 만들어야 한다.

미국을 다시 위대하게 만드는 일은 미국의 내부에서 시작된다. 그러기 위해서는 백악관, 그리고 미국 전체에 대한 위엄을 회복해야 한다. 미국 대통령은 세계에서 가장 힘 있는 사람이자 민주주의와 자유의 대변인이다. 이제 우리의 대통령이 가지고 있었던 장엄함과 위풍당당함, 경외감을 회복해야 하지 않을까?

그러기 위해서는 정권을 구성하는 모든 사람들, 특히 대통령이 항상 전문가처럼 보이고 행동해야 한다. 옷을 입는 방식과 행동하는 방식은 자신이 대표하는 사람들과 상대하는 사람들에 대한 존중심을 드러낸다. 그래서 인상이 중요하다.

미국을 다시 위대하게 만들기 위해서는 자금력을 갖춘 이익집단으로부터 나라를 되찾아와야 한다. 지금은 협소한 시각을 가진 로비스트와 특수이익집단이 '특별접근권'을 통해 의회를 가로막고 있기 때문에 중대한 문제들을 합의로 풀지 못한다.

모두가 국민의 목소리를 듣겠다고 말하지만, 누구도 그 목소리를 대변하지 않는다. 도대체 어떻게 듣는다는 말인가? 하지만 나는 국민의 목소리를 들을 것이다.

미국을 다시 위대하게 만들어서 신뢰와 자긍심을 회복하자.

CRIPPLED AMERICA

Part 15

★ ★ ★

언론에 대한 훈계

〈워싱턴 포스트〉의 칼럼니스트인 미셸 싱글테리Michelle Singletary는 2015년 4월에 "〈셀러브리티 어프렌티스The Celebrity Apprentice〉의 거만한 심사위원인 도널드 트럼프가 대선에 출마하기를 바란다"라고 썼다. 그녀는 뒤이어 이렇게 덧붙였다. "그러면 그의 수입, 투자, 부채를 제대로 파악할 수 있을 것이다. 그러나 믿을 만한 증거 없이 아무렇게나 떠들어대는 트럼프식 예측을 하자면 아마 그가 대선에 출마하는 일은 없을 것이다. 정부윤리법에 따라 공직 후보자는 재산을 공개해야 하기 때문이다."

루퍼트 머독Rupert Murdoch 소유의 〈뉴욕 포스트〉에서 일하는 천재인 카일 스미스Kyle Smith도 모든 사정을 꿰뚫어 보았다.

그는 이렇게 썼다. "도널드 트럼프가 엄청난 소식을 전했다. 실로 엄청난 소식이다. 나는 이 소식을 누구보다 먼저 들었다. 트럼프가 출마한다고 한다… 자기 팬클럽 회장으로 말이다. 당연히 큰 표차로 선출될 것이다. 대선은 어떠냐고? 절대 아니다. 그는 아이오와 공화당이 주최한 링컨의 날 만찬에서 6월에 '많은 사람들을 놀라게 만들' 발표를 하겠다고 밝혔다. 그러나 오랫동안 기다린 대선 출마를 준비하는 것은 아니었다. 단지 항상 하던 대로 자신을 홍보하고, 기사거리를 만들고, 화제를 불러일으켰을 뿐이다."

실로 혐오스러운 〈내셔널 리뷰National Review〉의 조나 골드버그Jonah Goldberg는 다음과 같은 글로 여전히 무능력을 드러냈다. "트럼프와의 논쟁은 바이킹 복장을 한 사랑스런 아이가 우리 마을을 습격하여 모두 죽여버리겠다고 말하는 것을 듣는 일과 비슷하다. 그래서 한편으로는 귀엽고, 다른 한편으로는 웃기다. 너무 길게 들으면 조금 짜증스럽기도 하다… 트럼프가 떠들어댈 때 흔히 그랬듯이 절대 진지하게 받아들여서는 안 된다."

이것이 소위 '객관적'이라는 우리 언론의 애석하고도 한심한 현실이다. 뉴스를 전달해야 할 사람들이 공정성에 대한 개념이 없다. 자신이 전문가라고 믿기 때문이다. 자신이 '더 잘 알며' 속사정을 파악했다고 믿기 때문이다.

부끄러움을 모르겠지만 그들은 부끄러운 줄 알아야 한다. 그들은 독자들을 자신이 얼마나 많이 틀렸는지 잊어버리는 멍청이로 생각하는 것이 틀림없다. 내가 대선 출마를 선언한 후에도 많은 언론인들은 여전히 믿지 않고 있다.

어떻게 된 일인지 그들은 내가 재산을 공개하지 않을 것임을 '알고' 있었다. 어쩌면 내가 사람들이 생각하는 것만큼 부자가 아닐지도 모르기 때문이다. 그러나 재산을 공개하고 보니 나는 훨씬 더 부자였다.

'똑똑한' 골드버그는 또 다시 완전히 잘못된 글에서 이렇게 주장했다. "과거 트럼프는 항상 직전에 물러섰다. 왜 인기 많은 텔레비전 프로그램을 위험에 빠트리겠는가? 왜 자신이 주장하던 만큼 부자가 아니라는 사실을 드러내는 수모를 감수하겠는가? 그러나 무언가 변화가 생겼다… 트럼프는 대선에 뛰어들었다. 아직 재산을 공개하지는 않았지만 말이다. 그래서 나는 그가 갑자기 물러설 핑계를 대든지 아니면 체면을 살리는 동시에 위증죄를 피할 방법을 찾는 회계팀을 돌리고 있을 것이라고 생각한다."

미국의 언론이 얼마나 부도덕한지 놀라울 지경이다. 사람들은 때로 신문과 방송이 영리를 추구하는 기업이라는 사실을 잊는다. 정직한 보도와 이익 중에서 하나를 선택해야 한다면 그들이 무엇을 선택할 것이라고 생각하는가?

안타까운 일은 진보 언론과 보수 언론이 모두 부끄러움 없이 거짓말을 하고 사실을 왜곡할 수 있다는 것이다. 나는 내가 한 말을 있는 그대로 기록해놓고도 단어와 의미를 바꿔버리는 기자들을 많이 만났다.

기자들은 거의 40년 동안 신문, 잡지, 텔레비전을 통해 나에 대한 기사를 쓰고, 나에 대한 이야기를 하며, 인터뷰도 했다. 대다수의 언론은 성실하고 공정하지만, 일부는 엄청나게 부도덕하며 형편없다. 나는 훌륭한 기자들과는 아주 잘 지낸다. 내가 실로 반감을 가진 부류는 나와 우리 회사에 대해 부정확한 기사를 써서 이목을 끌려는 기자들이다. 그들 때문에 잊을 수 없는 경험도 했다. 한 번은 유명 언론의 기자라는 사람이 와서 나와 임원들을 인터뷰했다. 우리는 그가 요구한 여러 문서와 재정 자료들을 모두 넘겼다. 그런데 그는 내가 본 가장 잘못된 기사를 썼다. 대개 사람들이 기사에 쏟는 관심은 일주일을 넘기지 않는다. 나처럼 언론에 자주 오르내리는 경우에는 더욱 그렇다. 하지만 부정적인 보도가 남기는 인상은 훨씬 오래간다.

나는 오랫동안 이런 공격들을 대개 무시하려 애썼다. 나는 전 세계에서 빌딩과 골프장을 짓고, 인기 프로그램을 제작하며, 훌륭한 가족이 있다. 그래서 쓸데없는 일에 신경을 쓰고 싶지 않았다. 그러던 차에 사촌이 전화를 걸어와 한 기사를 보니 내가 1992년 이후로 건물을 짓지 않았다고 나오는데, 사실관계를 바로잡아야 한다고 말했다. 이런 잘못된 보도가 나가도록 계속 방치할 수는 없었다. 내가 1992년 이후로 건물을 짓지 않았다고? 참으로 기이한 말이다. 무지할 뿐만 아니라 눈이 멀지 않았다면 이런 말을 할 수 없다. 내가 이룩한 성과를 확인하는 것보다 세상에서 가장 쉬운 일도 없을 것이다. 이 이야기를 하는 이유는 특히 나와 같은 사람에 대한 보도를 모두 믿어서는 안 된다는 사실을 말해주기 때문이다.

1992년 이후로 내가 진행한 주요 건설 사업을 10여 개라도 바로 댈 수 있다(뒤에 나오는 부록에 실려 있다). 몇 가지 예를 들자면 건축상을 받은 52층짜리 트럼프 인터내셔널 호텔 앤드 타워는 1996년에 문을 열었다. 시카고에 지은 5성급 호텔인 트럼프 인터내셔널 호텔 앤드 타워는 2009년에 문을 열었다. 라스베가스에서 13억 달러를 투입하여 지은 트럼프 인터내셔널 호텔은 2008년에 문을 열었다. '월 스트리트의 보석'으로 불리며, 한때 세계 최고층 건물이었던 월 스트리트 40번지 빌딩은 전면

보수를 거쳐 1996년에 재개장하여 임대가 완료되었다. 샌프란시스코에서 두 번째로 높은 건물인 캘리포니아 스트리트 55번지 빌딩은 보수를 거쳐 1996년에 재개장되었다. 이외에도 35층짜리 트럼프 파크 애비뉴, 트럼프 월드 타워 등이 있다.

또한 나는 팜비치부터 스코틀랜드의 애버딘까지 전 세계에 최고 수준의 골프장을 지었다. 가령 마이애미에는 트럼프 내셔널 도럴이 있다. 스코틀랜드와 아일랜드에도 내 손을 거쳐 원래보다 나아진 수백 개의 호텔과 주택을 비롯하여 3개의 유명 골프장이 있다.

여기서 끝나는 것이 아니다. 워싱턴 DC에 있는 아름다운 구 우체국 건물은 곧 트럼프 인터내셔널 호텔이 될 것이다. 나는 이 장엄한 건물을 개조하는 기회를 얻기 위해 격렬한 입찰 전쟁을 이겨냈다. 덕분에 2016년에 호텔을 개장할 수 있게 되었다. 이밖에도 수없이 많다. 이처럼 나는 1992년 이후로 대단히 바쁜 사람이었다!

너무나 형편없고 게으른 보도는 짜증스럽다. 기자가 이렇게 부정확한 기사를 쓰면 나처럼 열심히 일하는 사람과 나를 위해 일하는 훌륭한 사람들도 짜증스러울 것이다. 다음에 나를 옳지 않게 다룬 듯한 내용을 읽거나 듣고 해당 기사를 존중할 만한 기자가 쓰거나 말했는지 잘 살펴보길 바란다.

주요 언론에서 일하는 다른 기자는 내가 사업을 시작할 때 아버지에게 2억 달러를 받았다고 썼다. 차라리 그랬으면 좋겠다! 이 기자는 내게 먼저 전화를 걸어서 사실 여부를 확인하는 예의조차 차리지 않았다. 그저 잘못 쓴 오래된 책에서 그런 내용을 읽고 그냥 옮겼을 뿐이다. 나는 세상 누구보다 아버지를 사랑하고 존경한다. 아버지는 최고의 친구이자 멘토였다. 아버지는 내게 지식과 노동윤리, 그리고 성공에 대한 열의를 물려주었다. 아버지는 맨손으로 출발하여 퀸즈와 브룩클린에서 멋진 사업체를 일구었다. 그러나 우리는 다른 시대에 다른 규모의 사업을 했다. 아버지는 좋은 집을 지었고, 나는 뉴욕시와 전 세계에 커다란 빌딩과 골프장을 지었다. 나는 아버지에게 배운 것을 토대로 나만의 사업을 일구었다. 아버지는 그 사실을 누구보다 자랑스러워했다. 그래서 한 비즈니스 잡지와 가진 인터뷰에서 "우리 아들이 손대는 것은 모두 황금으로 변해요!"라고 말하기도 했다.

나는 내가 이룬 성과를 자랑스럽게 여긴다. 그래서 소위 기자라는 사람들이 잘못된 내용을 쓰면 대응하지 않을 수 없다.

문제는 상황이 갈수록 악화된다는 것이다. 여론조사 결과를 보면 사람들이 언론을 신뢰하지 않는다는 사실을 알 수 있다. 아이러니한 점은 언론이 이런 여론조사를 한다는 것이다.

그들은 사람들이 자신을 신뢰하지 않는다는 사실을 인정해야 한다.

아마 기자들이 가장 창피했을 순간은 내가 재산을 공개한 때였을 것이다. 나는 역사상 가장 부유한 대선 후보다. 나는 대선에 나선 유일한 억만장자다. 나는 부유한 친구나 특수이익집단, 혹은 로비스트로부터 후원금을 받지 않는다. 공직 선거에 나선 사람이 돈을 받지 않았던 때가 언제였나? 유권자들은 이 사실을 알고, 또 그것을 좋아한다.

그래서 내가 92쪽에 걸쳐 재산을 공개했을 때 사람들이 보인 반응은 당연한 것이었다. 나의 자산은 사람들이 생각한 것보다 많은 100억 달러 이상이다.

회계사라면 알겠지만 정확한 수치를 기입하는 것은 거의 불가능하다. 대규모 자산은 언제나 변하기 때문이다. 내가 가진 자산의 가치는 매일이 아니라 매 시간마다 변한다.

가치를 매기기 어려운 해외 투자자산도 상당하다. 게다가 재산 공개 양식이 나 같은 사람에게는 맞지 않았다. 그래서 '5천만 달러 이상'으로 표기된 항목을 선택할 수밖에 없는 부분들이 많았다. 가령 내가 보유한 한 빌딩의 가치는 약 15억 달러다. 하지만 신고양식에는 '5천만 달러 이상'으로 표기할 수밖에 없었다.

우리는 많은 항목에 표기를 했으며, 가능한 한 정확하게 기재했다.

나는 논쟁과 반론으로 기사거리를 만드는 일에 결코 주저한 적이 없다. 기억하라. 우리는 이 나라가 다시 일어나 맞붙어 싸우도록 만들어야 한다.

근래에 내가 연 기자회견에는 다른 어떤 후보보다 많은 기자들이 참석했다. 내 주위에는 항상 논쟁을 일으킬 말을 기대하며 상어떼처럼 기자들이 몰려든다.

나는 그들의 기대에 부응하려 노력한다.

나는 공화당 대선후보 1차 토론에 참석했다. 덕분에 폭스는 역대 최고 시청률을 올렸다. 두 번째 토론에서는 CNN이 역대 최고 시청률을 올렸다. 내가 참석하지 않았다면 얼마나 많은 사람들이 보았을지 궁금하다. 아마 그리 많지는 않았을 것이다!

C R I P P L E D   A M E R I C A

Part 16

★ ★ ★

제대로 된 세법

모두가 동의하는 한 가지 사실이 있다. 바로 우리의 세법체계가 잘못되었다는 것이다. 현행 세법은 터무니없다. 연방세법은 7만 4,608쪽에 달한다. 누구도 세법을 제대로 이해하지 못한다. 납세자들이 신고양식을 채우도록 돕는 세무사들도 마찬가지다. 단지 국민들이 정부에 얼마나 세금을 내야 하는지 파악하도록 돕는 일이 하나의 산업이 되었다.

현행 세법은 돈이 가장 필요한 국민들에게서 너무 많은 돈을 가져가는 반면, 다른 사람들은 세 부담을 줄일 허점을 찾도록 허용한다. 또한 대기업들이 해외에서 올린 수익을 국내에 재투자하기를 꺼리도록 만들며, 소기업들이 성장하기 어렵도록 만든다. 일자리를 창출하는데 도움을 주기는커녕 일자리를 아예 없애버린다.

합당한 세법은 중산층에게 감면 혜택을 제공하여 열심히 일해서 번 돈을 더 많이 지킬 수 있도록 해야 한다. 전체 체계를 단순화하여 해마다 불안과 짜증에 시달리는 일이 없도록 만들어야 한다. 법인을 해외로 옮기지 않도록 유도하고, 미국 기업들이 세계적인 경쟁력을 갖추도록 도와서 경제를 성장시키고 일자리를 창출해야 한다. 그리고 부채나 적자를 심화시키지 말아야 한다.

내가 제안하는 세제개혁은 모두에게 해당하는 과세체계를 단순화하여 이 모든 문제를 해결할 것이다. 나의 목표는 세금 신고 프로그램 회사를 망하게 만드는 것이다.

나는 2015년 9월 말에 〈월스트리트저널Wall Street Journal〉에 실은 글에서 해결책을 설명했다. 이 해결책의 명칭은 '안정과 번영을 위한 세제 개혁'이다.

이 글에서 나는 정부의 최우선 과제가 국민에게 안정감을 제공하는 것이라고 밝혔다. 여기에는 불확실성을 제거하고 더 나은 거래, 더 똑똑한 무역협정, 중산층의 부담을 줄이고 민간 부문을 활성화하는 세금 정책을 통해 국가의 경제적 미래를 보장하는 일이 포함된다.

세금정책에 대한 나의 접근법은 필요한 일을 하는 것이다. 그래서 특수이익집단과 부유층을 위해 만들어진 과세체계의 불확실성과 복잡성을 없애고 모든 국민에게 분명한 미래를 제공할 것이다.

나의 계획은 여러 목표가 있다. 우선 특수이익집단과 부유층에게 제공되는 감면 혜택과 허점뿐만 아니라, 모든 개인과 기업에게 훨씬 낮은 세율을 매겨서 불필요하게 될 감면 혜택까지 제거할 것이다.

특히 기업을 키우거나 일자리를 창출하지 않는 헤지펀드 및 다른 투기성 합자 법인의 성과보수에 적용되는 현행 세율을 바꿀 것이다.

이 계획의 첫 번째 목표는 세금 감면 혜택을 제공하는 것이다. 2만 5천 달러 미만을 버는 독신자나 5만 달러 미만을 버는 기혼자는 소득세를 내지 않아도 된다. 이 경우 거의 7,500만 가구가 바로 과세대상에서 제외될 것이다.

둘째, 과세기준을 단순화할 것이다. 여러 변수가 붙는 복수의 과세 등급 대신 0%, 10%, 20%, 25%, 이 네 가지 과세 등급만 정해질 것이다.

그러면 기혼자들이 받는 불이익과 최저한세가 없어지는 한편 제2차 세계대전 이후 가장 낮은 세율이 적용된다. 또한 사망세가 사라져서 가족이 자산을 보존할 수 있다.

내가 제시한 세금정책은 중산층에 적용되는 감면 혜택을 유지하는 한편, 부유층에 적용되는 여러 감면 혜택을 폐지하는 것이다. 중산층이 더 많은 돈을 갖게 되면 소비지출이 증가하고, 학자금 저축이 늘어나며, 개인 부채가 줄어들 것이다.

셋째, 미국 경제를 성장시켜야 한다. 지난 7년 동안 우리 경제는 사실상 정체 상태였다. 2퍼센트도 되지 않는 GDP 연 성장률은 초라하다. 우리는 생산을 촉진하고, 일자리를 국내로 가져오며, 미국에 투자하는 일을 쉽게 만들어야 한다.

나의 계획에 따르면 규모를 막론하고 법인세율은 15퍼센트를 넘지 않는다. 이처럼 세율을 낮추면 법인을 해외로 옮길 필요가 없으며, 미국을 세계에서 가장 경쟁이 활발한 시장으로 만들 수 있다. 이 계획은 또한 기업들이 해외에 둔 자본을 10퍼센트밖에 안 되는 반입세를 물고 국내로 가져올 수 있도록 만든다. 지금은 세율이 너무 높아서 기업들이 반입을 꺼린다.

끝으로 나의 계획은 재정적자나 국가부채를 늘리지 않는다. 엄격하게 예산을 관리하고 낭비, 사기, 남용을 없애는 것이다. 그러면 이 계획을 통해 재정균형을 달성하고, 기록적인 수준으로 경제를 성장시키고, 일자리 적체를 해소하며, 부채를 줄여나갈 수 있다. 또한 적정한 성장을 달성하면 세수 중립을 이루게 될 것이다. 이런 변화는 강력한 경제성장을 보장한다. 또한 우리나라는 특출한 번영의 길에 오르게 될 것이다.

나의 계획은 나라와 국민의 경제적 안녕을 우선시한다. 또한 과감하면서도 현실과 상식에 기초한다. 경제를 성장시키면 미국을 다시 위대하게 만드는 일에 필요한 안보를 확보할 수 있다.

나의 글이 전반적인 내용을 제시하기는 했지만 다른 요점들도 있다. 바로 소득세다. 소득세가 처음 도입되었을 때는 1퍼센트의 국민만 과세대상이었다. 소득세는 대다수 국민에게 적용할 의도로 도입된 것이 아니었다. 나의 계획에 따르면 거의 7,500만 가구가 과세대상에서 제외되며, 종종 세무사의 도움이 필요할 정도로 복잡한 양식을 채워야 하는 4,200만 가구는 시간과 불안, 짜증 그리고 평균 100달러가 넘는 비용을 줄여주는 1쪽짜리 양식만 작성하면 된다. 또한 3,100만 가구도 단순화된 양식을 사용하게 되며, 약 1,000달러의 열심히 일해서 번 돈을 가지게 될 것이다.

세율을 크게 낮추면 현재 적용되는 여러 예외와 감면조항(양식이 대단히 복잡해지는 부분적인 이유)을 불필요하게 만들 수 있다. 자선단체 기부금과 주택대출 이자에 대한 감면 혜택은 건드리지 않을 것이다. 이 혜택들은 자선활동과 주택보유를 지원한다는 각각의 목적을 성공적으로 달성하고 있다.

사망세Death Tax★는 폐지될 것이다. 우리가 가족을 위해 벌어서 모은 돈이고, 이미 세금을 냈기 때문이다. 정부는 자기 몫을 취했으니 더 가져갈 권리가 없다.

현행 세법은 사실 기업의 성장을 저해하고 성공을 처벌한다. 대형 브랜드부터 혁신적인 신생기업까지 너무 많은 기업들이 직간접적인 방식을 써서 본사를 해외로 옮기고 있다. 간접적인 방식의 경우 세율이 낮은 국가로 법인을 옮긴다. 이 방식은 불법적이지도, 부도덕적이지도, 비애국적이지도 않다. 단지 좋은 사업적 선택일 뿐이다. 세금을 줄여서 이익을 늘릴 수 있는 기회를 활용하지 않는 것은 제대로 된 경영이 아니다. 민주당은 이 방식을 불법으로 만들려 하지만 통하지 않을 것이다. 어떤 법을 통과시키든 수십억 달러의 돈이 걸려 있는 문제인만큼 기업들은 우회할 방법을 찾아낼 것이다. 차라리 기업을 환영하는 환경을 조성하는 편이 훨씬 합리적이다.

레이건 정권 때만 해도 우리나라의 법인세율은 산업국가들 중에서 가장 좋았다. 그러나 지금은 가장 나쁘다. 우리는 경제를 재건하고 수백만 개의 일자리를 만들기 위해 기업과 협력하는 것이 아니라, 사실상 그들을 해외로 옮겨가도록 강제하고 있다. 나의 계획에 따르면 법인세

★ 미국 보수파들이 정부가 개인의 죽음까지 세금을 부과한다며 상속세를 빗댄 말이다.

는 15퍼센트로 낮아진다. 그 대상에는 대기업뿐만 아니라 소기업과 프리랜서도 포함된다. 소기업은 우리 경제의 진정한 동력원이다.

경제자문위원회에 따르면 미국의 소기업은 새 일자리의 60퍼센트를 창출한다. 그런데도 세액공제와 감면 혜택을 포함하면 대다수 소기업은 대기업보다 높은 세율을 적용받는다. 현행 세법에서 자영업자, 프리랜서, 비 법인 소기업, 개인과세기업은 더 높은 개인 소득세를 낸다. 현실적으로 그들은 기업들이 실제로 적용받는 세율보다 2배나 높은 세율을 적용받는 경우가 많다. 인터넷이 기업계의 구조를 바꾸고 신생기업들을 탄생시키면서 이런 사례가 그 어느 때보다 늘어났다. 우리 경제의 미래를 구축하는 이 부문에 속한 기업들은 한 푼이 아쉬운 형편이다. 그런데도 현행 세법은 그들이 살아남기 어렵게 만든다.

이러한 기업들은 불공정한 개인소득세율을 적용받는 한 커다란 불이익을 받게 된다. 따라서 개인소득세 부문에 세율이 15퍼센트인 영업세를 신설하여 세금을 크게 줄이고 해당 기업들의 성공과 성장을 도와야 한다.

현재 미국 기업들이 해외에 묵히고 있는 현금은 무려 2조 5천억 달러에 이른다. 우리 기업들이 이 돈을 국내로 들여오면 어떤 일이 생길지 상상해보라. 얼마나 많은 일자리가 생길까? 현재 해당 기업들이 그렇게 하지 않는 이유는 우리나라의 세율이 다른 나라보다 훨씬 높기 때문이다. 나의 계획이 지닌 핵심은 현재 기업들이 해외에 보유하고 있는 현금을 국내로 반입할 때 10퍼센트라는 일회성 세율을 적용하는 것이다. 그러면 해당 기업들은 2조 5천억 달러의 돈을 국내로 들여와 굴리는 데 커다란 이득을 누릴 수 있다. 또한 세계적으로 경쟁력을 지닌 낮은 법인세율도 적용받을 수 있다.

모두가 궁금해하는 가장 중요한 문제는 어떻게 재원을 조달할지다. 좋은 소식은 나의 계획이 세수 중립적이라는 것이다. 더 많은 돈을 국민의 호주머니에 넣어주고 새로운 일자리를 창출함으로써 촉발될 경제 성장이 이뤄지기 전에도 그렇다. 나의 계획은 부유층이 낮은 세금을 내도록 만드는 대다수 감면 혜택과 허점을 줄이거나 없애고, 기업들이 해외에 보유하고 있는 현금을 들여오고, 해외에서 벌어들인 소득에 대한 세금을 유예하는 제도를 폐지하며, 특수이익집단에 맞춰진 허점들을 제거함으로써 재원을 확보하는 것이다. 또한 법인소득과 사업소득에 대한 세율을 낮춤으로써 여러 감면 혜택이 불필요해질 것이다. 이자비용에 대한 적절한 공제율도 단계적으로 도입될 것이다.

무엇보다 재정적 낭비를 줄여야 한다. 해마다 수십억 달러의 돈이 낭비되는 데도 누구 하나 책임지는 사람이 없다. 선거 때만 되면 정치인들은 하나같이 재정지출의 낭비를 줄이겠다고 약속한다. 하지만 실제로 정부가 그렇게 하는 모습을 본 적이 있는가? 아마 한 번도 없을 것이다. 사업을 하다 보면 티끌 모아 태산이라는 말을 실감하게 된다. 자기 돈을 쓸 때는 낭비를 없애는 법을 배우게 된다. 차기 대통령은 국민의 돈을 낭비하는 일을 멈춰야 한다. 여기저기서 조금씩 예산을 아끼면 지출을 크게 줄일 수 있다.

어디서 돈이 낭비되는지는 어렵지 않게 찾을 수 있다. 2013년에 〈비즈니스 인사이더Business Insider〉의 월터 히키Walter Hickey는 각 정부기관 감찰실의 보고서를 검토해서 교육부의 부적격 대학에 지원한 4,200만 달러부터, 의료보험공단이 조제약의 약값을 재검토했다면 아낄 수 있었던 27억 달러까지, 무려 150억 달러를 아낄 수 있었다는 사실을 밝혀냈다.

2015년에 예산낭비감시시민모임Citizens Against Government Waste이 발표한 〈프라임 컷Prime Cuts〉 보고서를 보면 2016년 예산에서 6,480억 달러를 별다른 문제없이 삭감할 수 있었음을 보여주었다. 가령 벽지에 있는 공공서비스 기업에게 대출과 지원금을 제공하는 농촌 공공서비스 지원제도를 폐지하면 96억 달러를 아낄 수 있었다. 한 아칸소 지역 농촌의 경우 광대역 인터넷 서비스를 제공하기 위해 주민당 5,500달러의 세금을 썼다. 이 보고서는 또한 여러 정책을 시행하는 과정에서 감독이 부실했다는 점을 지적했다. 거기에 따르면 112살이 넘는 것으로 되어 있는 사람들의 명의로 복지연금을 받는 계좌가 무려 650만 개나 된다. 미국에서 실제로 112살이 넘는 사람은 35명밖에 없다. 또한 많은 사람들은 노년층 의료보험제도를 시행하는 과정에서 1천억 달러가 넘는 돈이 낭비된다고 추정한다.

요점은 이거다. 우리가 해마다 수십억 달러의 돈을 낭비하고 있으며, 차기 대통령은 이런 문제를 없애기 위해 조치를 취해야 한다는 것이다.

세법체계를 갱신하여 대다수 국민의 세부담을 줄이고, 과세기준을 단순화하고, 대기업과 소기업에게 합당한 정책을 제공하고, 해마다 낭비되는 수십억 달러의 돈을 아끼며, 마땅히 우리나라에 있어야 할 일자리를 다시 가져와야 한다.

CRIPPLED AMERICA

Part 17

★ ★ ★

미국을 다시 위대하게 만들기 위해

나는 28살이던 1974년에 처음으로 대규모 건설사업을 시작했다. 당시 그랜드 센트럴 역 바로 옆에 있던 코모도어 호텔은 완전히 엉망이었다. 한때 세계 최고의 호텔로 손꼽히던 이 호텔은 인근 지역과 더불어 쇠락의 길을 걸었다.

해당 지역에 있는 많은 건물은 이미 압류되어 있었고, 수많은 매장이 문을 닫은 상태였다. 코모도어 호텔의 외관은 지저분했고, 내부는 너무 어둡고 음침해서 노숙자 수용소처럼 보일 지경이었다.

코모도어 호텔은 어려움에 빠진 도시의, 죽어가는 동네에 있는, 죽어가는 건물이었다. 아마도 그때 나는 많은 것을 알기에는 너무 어렸을 지도 모른다. 그러나 그때도 나는 지금처럼 도전을 두려워하지 않았다. 나는 큰일을 해낼 수 있는 내 능력을 굳게 믿었다. 지금은 이러한 수많은 경험들이 주는 혜택까지 덤으로 갖고 있다.

나는 코모도어 호텔이 지닌 잠재력을 보았다. 그래서 20세기 후반에 뉴욕시에서 이뤄진 최대 규모의 호텔 개보수를 진행하게 되었다.

호텔이 있는 그랜드 센트럴 지역도 가능성이 있었다. 호텔 앞을 지나는 일일 유동인구가 수천 명이었다. 그때 나는 혼자 사업을 진행할 자금이 없었고, 설령 있었다 해도 가진 돈을 전부 걸지는 않았을 것이다. 똑똑한 부동산 투자자들은 모두 내게 성공하지 못할 것이라고 말했다.

하지만 나는 비전이 있었기에 결코 포기하지 않았다. 나의 열정과 꼼꼼한 계획은 다른 사람들을 끌어들였다. 일단 열의를 품으면 누구도 막을 수 없는 성격의 나는 코모도어 호텔 개보수 사업에 본격적으로 뛰어든 상태였다. 이후 다른 수많은 사업도 같은 방식으로 진행했다.

이 사업을 추진하면서 나는 시청, 은행, 건설업계, 노조를 상대하는 방법을 많이 배웠다. 기존 건물을 그대로 두고 내부만 재단장할 수도 있었지만 내 생각은 달랐다.

사업을 진행하는 내내 방해꾼들이 나타났다. 가령 보존주의자들은 전면부를 유리로 다시 꾸미는 것을 좋아하지 않았다. 나는 내부의 바닥도 전부 뜯어내고 최고급 자재로 바꾸었다.

그렇게 해서 탄생한 그랜드 하얏트 호텔은 1980년에 개장한 이래 계속 성공을 거뒀다. 또한 그랜드 센트럴 지역 전체를 되살리는 동시에 트럼프 브랜드를 뉴욕 사람들에게 알리는 토대가 되었다.

이 사업은 내가 쇠퇴하는 거대한 건물을 다시 훌륭하게 만든 첫 번째 사례였다. 나는 계약의 일환으로 그랜드 센트럴 터미널도 보수하여 다시 아름답고 깨끗하게 만들었다. 이후 35년 동안 나는 같은 일들을 쉼 없이 반복했으며, 이제는 실로 거대하고 중요한 우리나라를 다시 위대하게 만드는 일에 나섰다.

우리는 절름거리는 나라를 다시 위대하게 만들 수 있다. 쇠약한 상태로 방치된 우리나라는 세계가 보기에 한물간 2등 국가가 되었다.

우리 앞에는 많은 난관이 놓여 있다. 언론계와 정치계의 반대론자들은 온갖 혜택을 누리는 현재 상태를 바꾸지 않으려 한다.

그러나 내게는 비전이 있다. 나는 어떻게 해야 우리의 목표를 달성할 수 있는지 안다. 우리는 군을 강화하고, 재향군인을 돕고, 적국에 맞서고, 불법이민을 막고, 인프라를 재건하고, 세금체계와 교육체계를 바로잡고, 오바마케어와 이란과의 핵 '협정'을 비롯한 잘못된 정책들을 폐지해야 한다.

가장 중요한 일은 아메리칸 드림을 되살려서 열심히 일하고도 조금밖에 얻지 못하는 수백만의 국민들에게 우리나라를 되돌려주는 것이다. 미국이 내걸었던 멋진 약속들, 그리고 모든 세대가 아이들을 위해 더 나은 나라를 만든다는 이상은 어떻게 되었는지 의아해하는 국민들이 너무나 많다(누가 그들을 탓할 수 있을까).

내가 한 말들을 이루지 못한다는데 섣불리 돈을 걸지 마라. 나는 확률이 어떤지 아주 잘 안다. 나는 항상 어려운 과제에 도전하여 결국에는 해냈다. 내 이름은 세계 최고의 브랜드 중 하나가 되었다. 나는 이기는 법을 안다. 나는 할리우드 스타의 거리에 내 이름을 새기는 명판식을 할 때 제이 레노Jay Leno가 한 말을 좋아한다. 그는 "이제 공식적으로 미국에서 트럼프의 이름이 들어가지 않은 곳이 없음을 알립니다"라고 말했다.

공직선거에 나선 후보자들은 항상 지난 성과를 토대로 삼는다고 말한다. 안타깝게도 그들이 말하는 성과는 실제로 이룬 것보다 어떻게 하겠다고 말한 것들로 이뤄져 있다.

워싱턴은 교착 상태의 중심지가 되었다. 근래에 정치계는 정부를 계속 운영할지 여부를 결정하는 데 모든 기운을 쏟고 있는 듯하다. 그다지 놀라운 일은 아니다. 워싱턴은 오래 전부터 폐업 세일을 하고 있다.

그러니 대통령과 의회에 대한 지지도가 대단히 낮을 수밖에 없다는 것이다. 또한 전 세계의 우방과 적국에게 발휘하던 영향력과 그에 따른 기본적인 존경심을 잃을 수밖에 없는 것이다.

한편 한없이 지혜로운 대법원은 가장 귀중한 역사적 자산인 헌법과 권리장전을 수호하기보다 스스로 사회정책을 수립하여 간극을 메우고 있다.

우리에게는 국가권력을 구성하는 3개의 줄기가 있으나 지금 그 몸통이 썩고 있다.

오랫동안 나는 대선에 나설지 여부를 고심했고, 나서고 싶은 마음을 억눌렀다. 친구, 동료, 고객들은 무슨 일이든 해보라고 부추겼다. 그때마다 속으로 '나는 정치인이 아니며, 성공적으로 키운 회사를 운영해야 한다'라고 생각했다.

그러다가 도저히 현실을 용인할 수 없다는 사실을 깨달았다. 나는 고통받는 국민들이 리더십과 창의성의 부재에 정당한 분노를 표출하는 가운데 계속 수혜를 누리고 싶어하는 정계의 '내부자'들이 드러내는 위선과 복지부동을 견딜 수 없었다.

그래서 내 생각을 공개적으로 밝히자 언론들은 호들갑을 떨었고, 정치인들은 움츠러들었으며, 특수이익집단은 자신들이 영향력을 발휘하던 시대가 얼마 남지 않았다는 사실을 깨달았다.

많은 사람들은 미래에 대한 부정적인 그림을 그리려고 엄청나게 애를 썼다.

그러나 이번에는 국민들이 나섰다.

유세장에 사람들이 구름처럼 몰려들기 시작했다. 경쟁자들이 작은 실내 유세장을 겨우 채울 때 우리는 축구장이나 농구장으로 유세장을 옮겨야 할 정도였다. 대선후보 토론은 2,400만 명이 넘는 엄청난 시청자들을 끌어모았다. 국민들이 다시 희망을 얻어서 내가 하는 말을 듣고 싶었기 때문이다. 내가 한 말은 이제 미국을 다시 위대하게 만들기 위해 필요한 모든 일을 할 때가 되었다는 것이다.

이 일은 열심히 일하는 국민들을 위해 수백만 개의 좋은 일자리를 만드는 데서 시작된다. 경제정책연구소가 추정한 바에 따르면 형편없이 맺은 무역협정 때문에 1997년부터 지금까지 500만 개가 넘는 일자리가 사라졌다. 이 일자리들은 다시 우리나라로 돌아올 것이다. 우리는 너무 많은 일자리를 만들었다. 다른 나라에 말이다.

우리 군은 압도적으로 세계 최고여야 한다. 그래서 이란 같은 나라들과 협상을 할 때 힘을 바탕으로 삼을 수 있어야 한다. 또한 우리 군인들이 귀국하면 마땅한 보살핌을 받아야 한다. 이는 나라가 기꺼이 갚아야 할 빚이다.

남쪽 국경에는 거대한 장벽을 세워야 한다. 합법이민을 받아줄 멋진 문은 필요하지만 불법이민의 홍수는 막아야 한다. 출생시민권을 부여하는 관행도 끝내야 한다. 수정헌법 14조는 절대 시민권을 따는 편법을 만들려는 의도로 제정된 것이 아니었다. 가령 대다수 미국 원주민들은 이 땅에서 태어났지만 자동으로 시민권을 얻지 못했다. 그들은 거의 150년이 지나서야 원한다면 시민권을 얻을 수 있었다.

또한 수정헌법 2조는 국민들이 폭정으로부터 자신을 보호할 수 있도록 제정되었다. 따라서 절대 바꿔서는 안 된다.

보수파 저술가이자 논평가인 웨인 루트Wayne Root가 "거의 완벽하다"라고 말한 개정된 세수 중립적 세법은 가장 절실한 국민들에게 돈을 돌려줄 것이다. 정부가 아니라 국민들이 이 돈을 쓰면 일자리가 생긴다. 또한 기업들이 수익을 국내에서 쓰도록 장려하여 더 많은 새 일자리를 만들 수 있다.

교육체계는 우리 아이들과 성인들이 새로운 디지털 시장에 대해 대비할 수 있도록 도와야 한다. 지자체는 이 일을 누구보다 잘할 수 있다. 연방정부가 지역학교에 교육방법을 강제해서는 안 된다. 공통교육과정은 폐지될 것이다.

오바마케어는 경쟁이 보장되는 시장을 창출하여 비용을 줄이는 한편, 모든 국민에게 의료서비스를 제공하는 합당한 제도로 대체되어야만 한다.

무너지는 인프라를 재건하는 사업을 통해 수만 개의 일자리를 새로 창출할 수 있다. 언제든 시작할 수 있는 사업들이 많다. 낡은 도로, 다리, 터널, 철도가 무너지기 전에 보수하거나 교체해야 한다. 수천 명이 이 사업을 통해 일자리를 얻을 것이다.

워싱턴에서 가장 힘 있는 사람들은 로비스트와 특수이익집단이다. 그들은 선거자금을 대서 영향력을 사들인다. 이런 관행은 중단되어야 한다. 그들의 후원금을 받지 않는 사람을 뽑는 것이 좋은 첫걸음이다.

우리나라가 다시 경제적 번영을 이룰 수 있도록 풍부한 자원을 활용하는 타당한 에너지 정책이 필요하다.

내 말은 믿어도 된다. 전 세계의 대도시들을 걸어 다니면서 눈길을 올리기만 해도 내가 이룬 성과들을 확인할 수 있다. 거기에는 트럼프라는 이름이 붙은 건물들이 하늘 높이 솟아 있을 것이다.

나는 누구도 하지 못한 일들을 해냈다. 5번가의 티파니 옆에 있는 68층짜리 트럼프 타워는 1983년에 처음 문을 열었을 때 유리 외벽을 가진 맨해튼 최고층 빌딩이었다. 이 빌딩은 현대의 고급 빌딩 산업을 개척하는데 도움을 주었다.

내가 이 건물에 대해 가장 자랑스럽게 여기는 점은 33세 여성에게 감독 책임을 맡겼다는 것이다. 나는 실로 기업계의 양성평등을 위한 투쟁이 시작되던 1983년에 그런 결정을 내렸다.

내가 여성에게 말하는 방식을 못마땅해하는 사람들은 누구도 내가 남성이 지배하는 산업에서 양성평등을 촉진했다는 사실을 언급하지 않는다. 나와 함께 일한 여성들은 내가 그들에게 남자들과 똑같은 실적을 요구했다는 사실을 증언할 것이다.

이것이 우리에게 필요한 '양성평등'이다. 개인 이메일 서버를 돌리는 것이 정신없는 짓이라는 사실도 모르는 흐리멍덩한 전 국무장관이 아니라 남성이든 여성이든 자신의 최고의 능력을 발휘하도록 이끄는 리더십 말이다.

수천 명의 직원을 해고하고 회사를 엉망으로 만드는 것도 성과로 볼 수 없다. 적어도 자랑스럽게 여기거나 국가를 운영할 자질을 갖춘 것처럼 꾸밀 일은 아니다.

나는 항상 원대한 사고를 한다. 그래서 가장 크고 아름다운 최고급 건물을 지을 계획부터 세운다. 큰 꿈을 꾸지 않으면 결코 이룰 수 없다. 트럼프라는 이름이 붙은 건물은 월 스트리트 40번지부터 웨스트 사이드 조차장까지, 콜럼버스 서클에서 이스트 사이드의 트럼프 팰리스까지, 다운타운에서 소호 콘도미니엄까지 뉴욕 전역에 흩어져 있다.

이것은 시작에 불과하다.

우리는 뉴욕 외 다른 도시들에도 건물을 짓기 시작했다. 현재 트럼프라는 이름은 뉴욕부터 하와이까지, 플로리다부터 워싱턴까지 9개 주, 그리고 우루과이부터 인도까지 10개의 다른 나라에 세운 건물에 붙어 있다. 또한 다른 많은 대형 및 초대형 사업들도 진행되고 있다.

캘리포니아 스트리트 555번지에 지은 52층짜리 건물은 샌프란시스코에서 두 번째로 높으며, 가용 바닥 면적 기준으로 가장 크다. 원래 뱅크 오브 아메리카의 세계 본부였던 이 건물은 〈더티 해리〉와 〈타워링〉을 비롯한 여러 영화의 배경으로 쓰였다. 그래서 이 건물을 방문하는 것은 누구에게든 특별한 일이다.

트럼프 월드 서울은 서울 전역과 인근 도시에 있는 6개의 콘도미니엄 건물들로 구성되어 있다. 센츄리 시티에 있는 유리 건물인 트럼프 타워는 220개의 콘도를 갖추고 있으며, 필리핀 마닐라에서도 손꼽히는 고층 건물이다.

파나마 시티에 있는 72층짜리 트럼프 오션 클럽은 파나마 최초의 5성급 호텔이다. 우리는 전 세계에서 고급 호텔과 주택을 짓고 있다. 또한 발표할 준비가 된 최고의 호텔과 빌딩 사업을 통해 전 세계에서 최고의 미국을 대표할 것이다.

나는 실용적인 관점에서 '외교 정책'을 바라본다. 나는 합의를 맺고, 외국 정부를 협상장으로 끌어들이고, 모든 것을 내주지 않도록 협상하는 법을 안다. 사실 중국 최고의 은행은 트럼프 타워에 입주해 있다. 그들은 어디든 트럼프라는 브랜드의 일부가 되고 싶어한다.

정치인들이 찬성표를 던진 무역법안이나 균형예산을 달성한 방법에 대한 이야기를 하면 실로 웃지 않을 수 없는 이유가 여기에 있다. 그들은 정치적 경험을 가졌을지 모르지만 상식이나 현실적 경험은 분명 갖추지 못했다.

모든 건설사업, 모든 협상은 전혀 다르다. 각 사업은 엄청나게 까다로운 균형 잡기를 요구한다. 그래서 기업계, 금융계, 지자체를 한데 모을 줄 알아야 한다. 나는 훌륭한 건축가 및 설계자와 협력하는 법을 배웠다. 또한 노조 및 협회를 상대로 합의를 이끌어냈다.

나는 모든 세부사항을 중시한다. 그래서 이란이 준수 여부를 확인할 기관과 맺은 '부가합의'에 어떤 내용이 있는지 모른 채 이란과 핵 '합의'를 맺은 협상가들과 달리, 세부적인 조항들을 모두 확인한다.

사업을 확장할 시기가 되었을 때 나는 골프장에 관심을 갖게 되었다. 어린 시절, 아버지는 나를 데리고 골프를 쳤다. 자주 치지는 않았지만 스윙이 아주 멋졌다. 골프장을 둘러보니 누가 보였을 것 같은가? 성공한 사람들, 뛰어난 기업가들이 보였다.

그들은 골프를 치면서 어떤 일을 했을까? 바로 거래에 대한 이야기를 했다. 골프장에서 얼마나 많은 훌륭한 거래들이 이뤄졌을지 상상도 할 수 없었다. 그래서 나는 세계 최고의 골프장과 리조트를 짓기로 결심했고, 실행에 옮겼다.

건물을 올리는 일이 힘들 것이라고 생각하는가? 뉴욕시에 새 골프장을 지으려 해보라. 우리는 2015년에 브롱크스에 있는 페리 포인트에 트럼프 골프 링크스를 열었다. 뉴욕에서 반세기가 넘는 기간에 처음 개장한 이 퍼블릭 골프장은 곧 세계 최고 수준의 반열에 올랐다.

그러나 이 골프장을 짓는 과정은 오랜 기간에 걸친 난장판이었다.

누구도 공사를 완료하지 못했다. 모든 이들이 발을 뺐다. 누구도 사업을 맡아서 끝내려 하지 않았다.

뉴욕시는 오랫동안 골프장을 짓고 싶어했으나 누구도 어떻게 해야 할지 몰랐다. 결국 사업을 망친 정치인들은 기업가인 나에게 뒤치다꺼리를 맡겼다.

나는 멋진 골프장을 만들었다.

이 사업은 뉴욕시와 우리 회사에 대성공을 안겼다. 전 세계 골퍼들이 찾도록 만들겠다는 나의 약속은 그대로 지켜졌다.

나는 골퍼들만 미국으로 끌어들이고 싶지 않다. 우리는 온갖 종류의 기업들, 특히 미국인이 보유한 기업들을 다시 불러들여야 한다.

적절한 과세 환경을 조성하고 기업의 발목을 잡는 관료적 절차를 없애면 일자리가 다시 생겨나 '완전고용'을 달성하게 될 것이다.

완전고용을 달성하려면 실직 상태이거나 불완전고용 상태에 있는 20퍼센트의 노동인구를 제대로 된 일자리로 이끌어야 한다. 또한 신규 취업자들이 열심히 하루를 보냈다는 자긍심을 품고 기분 좋게 가족들이 있는 집으로 돌아갈 수 있도록 만들어야 한다.

완전고용은 노조와 사용자 모두에게 혜택을 안긴다. 그들은 함께 우리나라의 인프라를 재건할 수 있다.

완전고용을 달성하면 현재 형편에 넘치는 수준으로 주택대출을 받은 사람들이 집을 잃을 걱정에서 벗어날 수 있다. 또한 은행의 대출 기준이 낮춰지면 주택 건설 및 보수업계도 활황을 맞을 것이다.

우리는 지금 우리 자신뿐만 아니라 우리 아이들을 위해서도 중요한 역사적 분기점에 와 있다. 미국은 어려움에 시달리며 절름거리고 있지만 다시 일어설 수 있다. 우리의 시대는 아직 끝나지 않았다. 우리의 시대는 지금이며, 그 잠재력은 엄청나다.

미국의 전성기는 아직 오지 않았다. 왜 그럴까? 우리 국민들이 있기 때문이다. 우리는 모두 힘을 모아 미국을 다시 위대하게 만들 수 있다.

나의 개인 자산

나의 재산은 2014년 6월(대선에 나선다는 발표를 할 때)에 뒤에 나오는 내역을 공개한 후 더 늘었다. 특히 뉴욕, 샌프란시스코, 마이애미, 워싱턴 DC, 유럽, 그리고 다른 많은 지역에 보유한 부동산의 가치가 크게 올랐다. 나는 빚이 거의 없으며, 있어도 이자가 아주 낮다. 현재 나의 재산은 100억 달러를 넘는다.

내가 재산 공개 내역에서 밝힌 2014년 수입은 3억 6,200만 달러였다. 여기에는 배당, 이자, 자본이득, 임대료, 저작권 수입이 포함되지 않는다. 2015년 수입은 6억 달러를 넘는다. 주식투자 실적도 좋았다. 주식투자는 과거에 집중한 분야가 아니고 전체 재산에서 소수 비중만 차지하지만, 내가 매수한 45종목 중 40종목의 주가가 단기간에 급등하여 2,702만 1,471달러를 벌 수 있었다. 현재 내 포트폴리오에 남은 주식의 미실현 수익은 220만 달러를 넘는다.

나는 재산 공개 내역에 500개가 넘는 사업체를 포함시켰다. 그중 91퍼센트는 내가 100퍼센트의 지분을 보유하고 있다. 또한 내가 쓴 다른 여러 베스트셀러와 함께 30년이 지난 지금도 판매되고 있으며, 비즈니스 부문 역대 베스트셀러 목록에 들어가는 《거래의 기술》에서 나오는 저작권 수입도 포함시켰다.

내가 진행한 텔레비전 프로그램, 〈어프렌티스〉에서 나오는 수입도 보고했다. NBC/유니버설은 다음 시즌을 제작한다고 발표했다. 그들은 내가 대선 때문에 15시즌에는 출연할 수 없다고 알렸을 때 크게 낙담했다. 나를 설득하던 그들은 결국 내 자리에 분명히 좋은 모습을 보일 아놀드 슈워제네거를 앉혔다. 현재 전 세계에서 방영되는 〈어프렌티스〉와 〈셀러브리티 어프렌티스〉를 통해 내가 번 돈은 2억 1,360만 6,575달러다.

나는 이 내역을 기꺼이 공개하며, 지금까지 내가 이룬 성과를 자랑스럽게 여긴다.

도널드 트럼프 재산 내역

(단위 : 달러)

항목	금액	합계
자산		
현금 및 양도성 증권(복수의 항공기, 땅, 골프장, 리조트 등), 여러 자산의 인수 · 개발 이후, 상당한 대출금의 현금상환 이후, 상당한 미수금의 회수 이전 금액	302,300,300	
여러 사업체를 통해 100퍼센트의 지분을 보유한 부동산		
상업용 부동산(뉴욕시)	1,697,370,000	
주거용 부동산(뉴욕시)	334,550,000	
클럽 시설 및 관련 부동산	2,009,300,000	
개발 중인 부동산	301,500,000	
100퍼센트 미만의 지분을 보유한 부동산		
애비뉴 오브 아메리카 1290번지(뉴욕), 뱅크 오브 아메리카 빌딩(샌프란시스코), 트럼프 인터내셔널 호텔 앤드 타워(라스베가스), 스타렛 시티(뉴욕 브룩클린)의 총 차입금	943,100,000	
부동산 상표권 거래, 브랜드 및 브랜드 개발	3,320,020,000	
미스 유니버스, 미스 USA, 미스 틴 USA 대회	14,800,000	
기타 자산(순차입금)	317,360,000	
총 자산		9,240,300,000
부채		
외상매입금	17,000,000	
100퍼센트의 지분을 보유한 부동산에 대한 대출금		
상업용 부동산(뉴욕시)	312,630,000	
주거용 부동산(뉴욕시)	19,420,000	
클럽 시설	146,570,000	
개발 중인 부동산	7,140,000	
총 부채		502,760,000
총 재산		8,737,540,000

· 2014년 6월 30일 기준

· 트럼프는 평생 동안 전국에 걸쳐 자선단체와 공공용지 보존단체에 다양한 크기의 부지를 기부한 주요 후원자였다. 지난 5년 동안 기부한 금액은 1억 200만 달러가 넘는다.

감사의 글

이 책을 쓰는 동안 열성적으로 도와준 데이비드 피셔David Fisher, 빌 잰커Bill Zanker, 코리 레반도프스키Corey Lewandowski, 데이비드 코헨David Cohen, 로나 그래프Rhona Graff, 메러디스 매키버Meredith McIver, 호프 힉스Hope Hicks, 아만다 밀러Amanda Miller에게 감사드린다. 또한 왁스먼 리벨 리터러리 에이전시Waxman Leavell Literary Agency의 버드 리벨Byrd Leavell과 스코트 왁스먼Scott Waxman, 돈 맥간Don McGahn 그리고 사이먼 앤드 슈스터Simon & Schuster의 캐롤린 라이디Carolyn Reidy, 루이즈 버크Louise Burke, 미첼 아이버즈Mitchell Ivers, 제러미 루비 스트로스Jeremie Ruby-Strauss, 아이린 케라디Irene Kheradi, 리사 리트와크Lisa Litwack, 존 폴 존스John Paul Jones, 알 매덕스Al Madocs, 제이미 푸토르티Jaime Putorti, 제니퍼 로빈슨Jennifer Robinson, 진 앤 로즈Jean Anne Rose, 니나 코드스Nina Cordes는 전문성을 살려서 기록적인 시간에 완성품을 내놓았다. 여러분의 노고에 감사드린다.

도널드 트럼프 소개

도널드 트럼프는 부동산, 스포츠, 오락 부문에서 영향력을 넓혀가고 있고 미국적인 성공담의 상징이 되었다. 또한 전형적인 기업가이자 견줄 상대가 없는 협상가이기도 하다.

트럼프는 뉴욕시 브룩클린 십스헤드 베이Sheepshead Bay에 있는 아버지의 사무실에서 사업경력을 시작했다. 그는 5년 동안 아버지와 함께 여러 건의 거래를 맺으며 바쁘게 살았다. 트럼프는 아버지에 대해 "나의 멘토로서 건설산업의 여러 측면에 대해 엄청나게 많은 것들을 배웠다"고 말했다. 마찬가지로 그의 아버지는 아들에 대해 "내가 맺은 최고의 거래 중 몇 건은 도널드가 맺은 것이다… 도널드가 손대는 것은 모두 황금으로 변하는 것 같다"라고 말했다. 뒤이어 트럼프는 맨해튼 부동산 시장이라는 아주 다른 세계로 뛰어들었다.

트럼프라는 이름은 뉴욕시와 전 세계에서 최고의 부지와 동일시된다. 그중에는 세계적으로 유명한 5번가의 고층건물인 트럼프 타워, 고급 주거용 빌딩인 트럼프 파크, 트럼프 팰리스, 트럼프 플라자, 파크 애비뉴 610번지, 트럼프 월드 타워(맨해튼 이스트 사이드 최고층 빌딩), 트럼프 파크 애비뉴가 있다. 또한 트럼프는 웨스트 34번 거리 조차장으로 알려진 땅에 제이콥 자비츠 컨벤션 센터를 세웠고, 코모도어 호텔을 그랜드 하얏트로 재개장하는 사업의 일환으로 그랜드 센트럴 터미널의 외관을 완전히 복원했다. 이 사업은 뉴욕시에서 이뤄진 가장 성공적인 복원사업으로 간주되며, 트럼프는 '유명 호텔을 멋스럽고 창의적으로 되살린' 공로로 커뮤니티 보드 파이브Community Board Five로부터 상을 받았다. 트럼프는 오랜 기간 동안 〈뉴욕타임스〉가 칭찬한 대로 장엄한 원래의 모습으로 되돌린 플라자 호텔, 지금은 센트럴 파크 사우스 리츠칼튼으로 불리는 호텔 세인트 모리츠, 그리고 2002년까지 엠파이어 스테이트 빌딩(50여 년 만에 처음으로 부지와 차지권을 통합함)을 비롯하여 뉴욕시에 있는 유수 빌딩들을 보유하고 매각했다. 또한 이스트 57번 거리와 티파니 옆에 있는 나이키타운도 보유하고 있다. 2008년 초에는 구찌가 트럼프 타워에 세계 최대 매장을 열었다.

1997년에 트럼프 인터내셔널 호텔 앤드 타워가 문을 열었다. 이 52층짜리 다용도 초호화 호텔 및 주거용 빌딩은 맨해튼의 웨스트 사이드와 콜럼버스 서클의 센트럴 파크 웨스트가 만나는 지점에 자리하고 있다. 세계적으로 유명한 건축가인 필립 존슨Philip Johnson이 설계한 이 빌딩은 미국 최고의 분양가 및 임대가를 기록했다. 또한 호텔과 입주 레스토랑인 장 조지Jean-Georges가 모두 〈포브스〉로부터 별 5개를 받은 국내 3개 호텔 중 하나로서 전미호텔학회로부터 파이브 스타 다이아몬드 상을 받았다. 그리고 〈트래블+레저Travel+Leisure〉 잡지로부터 뉴욕시 최고의 비즈니스 호텔로, 〈콩데 나스트 트래블러Conde nast Traveller〉 잡지로부터 미국 최고의 호텔로 선정되었다. 이 호텔의 혁신적인 컨셉트는 세계 각지에서 모방되고 있다. 또한 2009년부터 2015년까지 〈포브스〉가 주는 파이브 스타 호텔 상을 받았으며, 2010년 이후 줄곧 〈콩데 나스트 트래블러〉가 주는 '리더스 초이스' 상을 받았다. 트럼프 호텔 컬렉션의 정수인 이 호텔은 올해로 개장 18주년을 맞았다.

트럼프는 뉴욕시에 있는 대규모 부지인 전 웨스트 사이드 조차장을 트럼프 플레이스로 개발했다. 40만 평방미터에 달하는 이 땅은 허드슨 강을 따라 59번 거리부터 72번 거리에 걸쳐 있다. 이 땅을 개발하는 사업은 뉴욕시 도시계획위원회가 승인한 역대 최대 규모였다. 현재 이 땅에는 총 16개의 건물이 들어섰다. 그중 9개를 트럼프가 먼저 세웠고, 나머지 부지는 상당한 거액에 매각되었다. 트럼프는 트럼프 플레이스에 속한 10만 평방미터 넓이의 수변 공원과 210미터 길이의 조각된 잔교를 뉴욕시에 기부했다.

트럼프가 뉴욕시에서 매입한 다른 빌딩으로는 월 스트리트 40번지에 있는 트럼프 빌딩이 있다. 맨해튼 금융가에 연면적 12만 평방미터, 72층으로 지어진 이 빌딩은 뉴욕증권거래소 맞은편에 있으며, 새로 지어진 월드 트레이드 센터에 이어 맨해튼 다운타운에서 두 번째로 높은 빌딩이다. 또한 미국 전체 빌딩 중에서 '꼭대기'가 아름답기로 손꼽힌다.

뉴욕시 부동산 시장의 침체기에 이뤄진 이 거래는 지난 25년 동안 최고의 거래로 평가받는다. 또한 트럼프는 전 메이페어 리젠트 호텔인 64번 거리에 있는 파크 애비뉴 610번지 건물을 초호화 아파트로 개조하여 당시 파크 애비뉴에서 최고가를 달성하면서 대성공을 거뒀다. 동쪽으로 더 나아가면 유엔 건물 옆에 자리한 90층짜리 호화 주거용 빌딩이자 세계 최고층 주거용 빌딩에 속하는 장엄한 트럼프 월드 타워가 있다. 이 빌딩은 건축 평론가들로부터 호평을 받았다. 그중 한 명인 〈뉴욕타임스〉의 허버트 머스챔프Herbert Muschamp는 '잘생긴 매력남 같은 유리 타워'로 평가했다. 또한 이 빌딩은 미국에서 최고의 성공을 거둔 콘도미니엄 타워로 간주된다.

2001년에 트럼프는 처음으로 시카고 부동산 시장에 진출한다는 발표를 했다. 여기서 그는 트럼프 인터내셔널 호텔 앤드 타워를 지었다. 이 빌딩은 연면적 25만 평방미터에 92층짜리 다용도 타워로서 시카고에서 가장 유명한 지역인 미시건 애비뉴 서쪽, 시카고 강 기슭에 자리하고 있으며, 세계 최고 주거용 빌딩 중 하나이자 세계에서 9번째로 높은 빌딩이다. 스키드모어 오윙스 앤드 메릴Skidmore, Owings & Merrill이 설계한 이 빌딩은 4층에 걸쳐 소매 영업 구역을 갖추고 있다. 또한 2008년 1월에 문을 연 이래 큰 호평을 받았고, 2010년에는 〈트래블 + 레저〉로부터 북미 최고의 호텔로 선정되었으며, 2014년에는 '세계 최고 비즈니스 호텔' 상을 받았다. 또한 〈콩데 나스트 트래블러〉로부터 2011년 이후 해마다 '리더스 초이스' 상을 받았다. 그리고 2014년과 2015년에 〈포브스〉로부터 별 5개 등급을 받았으며, 2011년 이후 AAA 파이브 다이아몬드 호텔로 선정되었다.

트럼프는 2002년에 59번 거리와 파크 애비뉴에 자리한 델모니코 호텔을 매입하여 트럼프 파크 애비뉴라는 35층짜리 호화 콘도미니엄으로 재개발했다. 이를 통해 그는 뉴욕시에서 가장 호화로운 빌딩을 짓겠다는 바람을 이뤘다. 여러 언론은 원래 건물이 지닌 위엄과 매력을 그대로 유지하는 한편 21세기에 걸맞는 서비스와 편의시설을 갖춘 점을 높이 평가했다. 또한 트럼프는 샌프란시스코 캘리포니아 스트리트 555번지에 있는 상징적인 건물로서 서해안 지역에서 가장 중요한 사무용 빌딩 중 하나인 뱅크 오브 아메리카 빌딩과 뉴욕에서 가장 연면적이 넓고 큰 빌딩 중 하나인 애비뉴 오브 아메리카 1290번지 빌딩을 보네이도 리얼티 트러스트Vornado Realty Trust와 함께 보유하고 있다.

트럼프가 보유한 자산 중에는 뉴욕 웨스트체스터에 있으며, 파지오가 설계한 대표적인 골프장과 주거 시설을 함께 갖춘 트럼프 내셔널 골프 클럽과 〈워싱턴 포스트〉 발행인인 캐서린 그레이엄Katharine Graham이 살던 100만 평방미터 넓이의 저택으로서 세계적인 호화 주거지로 개발될 예정인 세븐 스프링스 맨션도 있다. 그는 또한 태평양을 바라보는 캘리포니아 최대 부지도 매입하여 도널드 트럼프 챔피언십이 열리는 트럼프 내셔널 골프 클럽을 만들었다. 이 골프장은 캘리포니아 지역의 최고 골프장으로 선정되었다. 이 부지에는 75채의 호화 주택도 지어질 것이다. 또한 뉴저지 주 베드민스터에 있는 래밍턴 팜스에는 파지오가 설계한 트럼프 내셔널 골프 클럽을 지었다. 212만 평방미터의 카우퍼스웨이트 이스테이트Cowperthwaite Estate에 자리한 이 골프장은 뉴저지 주에서 최고의 골프장으로 꼽히며, 근래에 18홀짜리 코스가 추가로 개장되었다.

트럼프는 2008년 11월에 스코틀랜드 애버딘에 트럼프 인터내셔널 골프 링크스 스코틀랜드를 건설할 수 있는 허가를 받았다. 4.8킬로미터에 걸쳐 북해에 접한 아름다운 해변을 갖춘 이 골프장은 2012년 7월 10일에 문을 열었다. 18홀짜리 두 번째 골프장도 건설허가를 받았다. 2013년 7월에 〈골프 위크〉 잡지는 이 골프장을 '세계 최고의 현대 골프장'으로 선정했다.

트럼프는 2008년 8월에 뉴저지 콜츠 넥에 있는 골프장을 인수하여 트럼프 내셔널 골프 클럽/콜츠 넥으로 재단장했으며, 2009년 2월에는 워싱턴에서 4.8킬로미터에 걸쳐 포토맥 강에 접한 320만 평방미터 넓이의 골프장을 사들여서 트럼프 내셔널 골프 클럽, 워싱턴 DC로 재단장했다. 2009년 12월에는 트럼프 내셔널 골프 클럽–필라델피아와 트럼프 내셔널 골프 클럽–허드슨 밸리가 새롭게 포트폴리오에 추가되었다. 2010년 4월에는 연예인들이 출연하는 새로운 리얼리티 프로그램인 〈도널드 트럼프의 멋진 골프 세계Donald J. Trump's Fabulous World of Golf〉가 골프 채널에서 방영되어 큰 성공을 거뒀다.

트럼프는 플로리다 팜비치에 마조리 메리웨더 포스트와 에드워드 프랜시스 휴튼이 보유하고 있던 유명하고 역사적인 저택인 마라라고를 초호화 마라라고 회원제 클럽으로 바꾸었다. 이 클럽은 전미호텔학회로부터 '세계 최고의 클럽'으로 선정되었고, 1980년에는 국가 역사유적으로 지정되었으며, 종종 '팜비치의 보석'으로 불린다. 마라라고에서 차로 7분 거리에는 트럼프 인터내셔널 골프 클럽이 있다. 유명한 골프장 설계자인 짐 파지오가 설계한 4천만 달러짜리 골프장은 아름다운 열대 조경과 인공폭포, 개울, 그리고 플로리다 전체 지역에서 유일하게 30미터 높이의 언덕을 갖고 있다. 1999년 10월에 문을 연 이 골프장은 미국 최고의 골프장으로 손꼽힌다. 2006년에는 9홀짜리 골프장이 추가로 문을 열어서 비슷한 호평을 받았다.

트럼프 호텔 컬렉션은 우아함과 꼼꼼함을 겸비하고 국제적인 중요성을 획득한 호텔들에 해당하는 새로운 기준을 말해준다. 60층짜리 초호화 5성급 호텔 콘도미니엄인 트럼프 인터내셔널 호텔 라스베가스는 라스베가스의 스카이라인에 새로운 우아함을 더했다. 이 호텔은 2012년에 〈USA 투데이〉로부터 '라스베가스의 최고 베팅'으로 선정되었고, 2011년에는 〈트래블 + 레저〉로부터 '세계 최고의 비즈니스 호텔' 상을 받았다. 이밖에도 뉴욕 소호에 지은 호텔은 2010년 봄에 문을 열어서 뉴욕 소재 호텔로서는 유일하게 〈트래블 + 레저〉가 선정한 최고의 신규 호텔에 포함되었고, 2013년과 2014년에 AAA 파이브 다이아몬드 상을 받았으며, 2011년에는 '세계 최고의 비즈니스 호텔 상'을 받았다. 또한 시카고(2008년 개장), 하와이 와이키키(2009년에 문을 열어서 2015년에 〈포브스〉로부터 별 5개의 평점을 받음), 파나마(2011년 7월에 문을 열어서 2011년에 럭셔리 트래블 어드바이저Luxury Travel Advisor로부터 '10대 신규 럭셔리 호텔'에 선정됨), 토론토(2014년에 〈포브스〉로부터 별 5개의 평점을 받음) 등지에서 호텔을 지었고, 트럼프 내셔널 도럴 마이애미(2억 5천만 달러를 들여서 2015년 초에 재단장을 마침), 트럼프 인터내셔널 골프 링크스 앤드 호텔 아일랜드(2014년에 트럼프 오거나이제이션Trump Organization이 오랜 바람 끝에 인수함)를 지었다. 2015년에는 아제르바이잔 바쿠(2015년 6월에 개장), 밴쿠버, 리우데자네이루(둘 다 2016년에 개장)에서 호텔을 지었다. 이스탄불의 활기찬 메시디예코이Mecidiyeköy 지역에 있는 트럼프 타워즈는 각각 주거용과 사무용인 두 개의 타워로 구성되어 있다.

2012년 2월에 트럼프 오거나이제이션은 워싱턴 DC에 있는 유명한 구우체국 빌딩을 개발할 업체로 선정되었다. 이 빌딩은 대단히 높은 가치를 지닌 것으로 평가되었기 때문에 경쟁이 치열했다. 재단장 계획에는 300개의 객실을 갖춘 초호화 호텔과 미술관이 포함되어 있으며, 기존 전면부와 문, 복도 그리고 기타 인테리어를 그대로 유지할 예정이다. 펜실베이니아 애비뉴에 자리할 이 호텔은 세계에서 가장 호화로운 호텔 중 하나이자 트럼프 가문의 가보가 될 것이다. 개장 예정 연도는

2016년이다.

부동산 사업 이외에 트럼프는 NBC 텔레비전 네트워크와 손잡고 세계 3대 미인대회인 미스 유니버스, 미스 USA, 미스틴Miss Teen USA를 주최한다. 그는 근래에 NBC의 지분을 인수한 후 IMG에 전체 지분을 넘겼다. 1999년에 설립된 트럼프 모델 매니지먼트는 뉴욕시에서 대표적인 모델 에이전시가 되었다.

트럼프는 센트럴 파크에 있는 울먼 스케이팅 링크Wollman Skating Rink를 새로 지었다. 이 사업은 그에게 특별한 의미를 지닌다. 그는 뉴욕시가 2천만 달러나 들이고도 7년 동안이나 질질 끌던 이 사업을 맡아서 겨우 180만 달러로 4개월 만에 공사를 끝냈다. 마찬가지로 그는 센트럴 파크에 있는 래스커 링크Lasker Rink도 재단장하여 큰 성공을 거뒀다. 또한 그는 과거에 주로 지어지던 조합 주택이 아닌 콘도미니엄 열풍을 일으켜서 뉴욕시 경제에 지대하고도 긍정적인 영향을 끼쳤다는 평가를 받았다.

뛰어난 저술가이기도 한 트럼프는 1987년에 《거래의 기술》이라는 자서전을 썼다. 이 책은 400만 부가 넘게 팔리고, 여러 주 동안 〈뉴욕타임스〉 베스트셀러 1위를 차지하면서 역대 최고의 성공을 거둔 베스트셀러 중 하나가 되었다. 후속작인 《정상에서의 생존Surviving at the Top》과 《재기의 기술The Art of the Comeback》도 〈뉴욕타임스〉 베스트셀러 목록에 오르면서 판매부수 1위를 기록했다. 네 번째 책인 《우리가 마땅히 가져야 할 미국The America We Deserve》은 과거에 쓴 책들과 달랐다. 국민들에게 중요한 의미를 지니는 사안들을 다룬 이 책은 정치, 경제, 사회 부문의 문제들에 대한 그의 관점에 초점을 맞췄다. 다섯 번째 책인 《트럼프의 부자 되는 법How to Get Rich》은 출간 즉시 전체 도서 부문 베스트셀러가 되었다. 《정상으로 가는 길Trump: The Way to the Top》과 2004년 10월에 출간된 《트럼프의 억만장자처럼 생각하라Trump: Think Like a Billionaire》도 마찬가지였다. 뒤이어 2005년 4월에 《트럼프: 골프에 대하여 내가 얻은 최고의 조언Trump: The Best Gold Advice I Ever Received》, 2006년에 《트럼프: 부동산에 대하여 내가 얻은 최고의 조언Trump: The Best Real Estate Advice I Ever Received》이 출간되었다. 그는 또한 로버트 기요사키Robert Kiyosaki와 함께 《기요사키와 트럼프의 부자Why We Want You to Be Rich: Two Men, One Message》라는 책을 썼다. 2006년 10월에 출간된 이 책은 〈뉴욕타임스〉, 〈월 스트리트 저널〉, 아마존 베스트셀러 순위 1위에 올랐다. 뒤이어 2006년에는 《트럼프 101: 성공으로 가는 길Trump 101: The Way to Success》이, 2007년 10월에는 빌 잰커와 함께 쓴 《도널드 트럼프 억만장자 마인드Think BIG and Kick Ass in Business and Life》가, 2008년 초에는 《트럼프, 포기란 없다Never Give Up》가, 2009년 4월에는 《반드시 해내겠다 말하라!Think Like a Champion》가, 2011년 10월에는 기요사키와 함께 쓴 두 번째 책인 《마이더스 터치Midas Touch》가, 2011년 12월 초에는 《강인해질 시간: 미국을 다시 1위로 만드는 길Time to Get Tough: Making

America #1 Again》이 출간되어 베스트셀러가 되었다.

뉴욕에서 태어난 트럼프는 와튼 스쿨을 졸업했으며, 1984년에 와튼 스쿨이 주는 올해의 기업인 상을 받았다. 또한 경찰스포츠리그 이사회 위원, 도널드 트럼프 재단 이사장, 뉴욕 베트남 재향군인 보훈기금 공동 이사장 등 여러 시민단체 및 자선단체에서 활동하고 있다. 1995년에는 뉴욕에서 열린 최대 퍼레이드로서 제2차 세계대전 종전 50주년을 기념하는 네이션스 퍼레이드에서 총 책임자를 맡았다. 2002년에는 군을 위해 여러 가지 활동을 한 공로를 인정받아 미군위문협회로부터 상을 받았다. 또한 2012년 1월에는 전미암학회가 주는 평생공로상을, 2015년 4월에는 합참의장인 조지프 던포드Joseph F. Dunford 장군으로부터 해병대 경찰 재단이 주는 사령관 리더십 상을 받았다. 그는 팜비치에 있는 마라라고에서 연례 적십자 연회도 주최한다.

트럼프는 세인트 존 성당 완공 위원회 및 와튼 스쿨 부동산 연구소의 창립위원이다. 또한 유엔과 유니세프의 50주년을 기념하는 셀러브레이션 오브 네이션스Celebration of Nations의 위원이기도 했다. 또한 전미건설경영협회가 뽑은 '올해의 개발인', 뉴욕주 공원, 휴양지, 유적지 관리청이 뽑은 '훌륭한 건축인'에 선정되었다. 또한 2000년 6월에는 최고의 영예로서 UJA 연맹이 주는 '호텔 및 부동산 부문 세기의 선각자'로, 2003년에는 팜비치 카운티 역사학회가 선정한 후원 이사회 위원으로 선정되었다. 그리고 2007년에는 도널드 트럼프 주립공원을 만들 수 있도록 웨스트체스터에 있는 176만 평방미터의 땅을 기증하여 공원 후원 단체로부터 '그린 스페이스' 상을 받았다.

트럼프는 2004년 1월에 마크 버넷 프로덕션Mark Burnett Productions 및 NBC와 손잡고 리얼리티 프로그램인 〈어프렌티스〉를 만들었다. 그가 직접 출연한 이 프로그램은 곧바로 1위에 올라 시청률 기록을 갱신하면서 높은 평가를 받았다. 2,800만 명이 시청한 첫 시즌 마지막회는 그 해에 수퍼볼에 이어 두 번째로 높은 시청률을 기록했다. 〈어프렌티스〉만큼 에미상 후보에 오르면서 세계적인 관심을 끈 프로그램은 드물다. 벤 실버맨Ben Silverman NBC 회장은 2007년에 〈뉴욕타임스〉와 가진 인터뷰에서 〈어프렌티스〉가 "NBC 역사상 가장 성공한 리얼리티 시리즈"라고 말했다. 〈셀러브리티 어프렌티스〉도 큰 성공을 거두면서 높은 시청률을 기록했다. 〈어프렌티스〉는 무려 14시즌 동안 방영되었다. 2015년에 트럼프가 출연한 〈새터데이 나이트 라이브〉는 그 해에 최고 수준의 시청률을 기록했다. 또한 그는 로스앤젤레스에 있는 프로덕션 회사인 트럼프 프로덕션 LLC를 통해 지상파 및 케이블 방송 프로그램을 제작하고 있다. 2004년에 프리미어 라디오 네트웍스Premier Radio Networks의 모회사인 클리어 채널 라디오Clear Channel Radio와 함께 만든 라디오 프로그램도 멋진 성공을 거뒀다.

트럼프는 2006년 8월에 〈비즈니스위크〉의 독자들이 뽑은 '세계에서 가장 경쟁력 있는 기업인'이 되었으며, 〈비즈니스위크〉의 기자들이 뽑은 '세계에서 가장 경쟁력 있는 10대 기업인'에 이름을 올렸다. 또한 지속적인 성공을 거둔 트럼프 오거나이제이션은 2012년에 〈크레인스 뉴욕 비즈니스Crain's New York Business〉 순위에서 뉴욕 소재 비상장기업 중 1위에 올랐다. 〈포브스〉는 트럼프를 세계 최고의 유명인 중 한 명으로 선정했다. 또한 그는 ABC의 바바라 월터스Barbara Walters 특집 방송, 〈가장 매력적인 사람The Most Fascinating People〉에서 두 번 다뤄진 두 명(다른 한 명은 힐러리 클린턴) 중 한 명이다. 가장 근래에 그를 다룬 방송은 2011년에 방영되었다.

트럼프는 세계에서 가장 높은 강연료를 받는 강연가 중 한 명으로 종종 수만 명의 청중들을 끌어모은다. 지금까지 강연료로 수천만 달러를 받은 그는 2011년 9월에 500만 달러 이상의 강연료를 받고 호주 2개 도시에서 강연했고, 2012년 10월에 런던 전국성공인모임National Achievers Congress에서 강연했다. 2007년 1월에는 할리우드 스타의 거리에 명판을 깔았고, 2008년에는 "당신은 해고야!"가 "쟈니가 왔어요"와 "한 사람에게는 작은 걸음이지만…"에 이어 역대 최고의 텔레비전 유행어 중 3위에 올랐다. 또한 2013년 3월에는 메디슨 스퀘어 가든에 모인 2만 5천 명의 팬들 앞에서 WWE 명예의 전당에 헌액되었다. 이처럼 커다란 영예를 안은 이유는 역대 최고로 큰 성공을 거둔 두 번의 레슬매니아 대회를 주최했을 뿐만 아니라, 더 중요하게는 2007년에 디트로이트 스태디엄에서 열린 레슬매니아 23, '억만장자들의 대결'에 빈스 맥마흔Vince

McMahon과 출연했기 때문이다. 이 대회는 지금도 레슬링 역사상 가장 높은 시청률과 최다 유료 시청 수익 기록을 보유하고 있다.

트럼프는 2013년 4월에 〈뉴욕 옵저버〉 독자들이 뽑은 100인의 유력 인사 중 1위에 올랐다. 또한 같은 달에 미시건 주에서 열린 연례 링컨 만찬에서 강연을 했다. 이 만찬은 124년 역사에서 최대 규모를 기록했으며, 대통령이 연사로 나서지 않은 링컨 행사 중에서는 전국 최대 규모를 기록했다. 그는 2013년에 로버트 바틀리 갈라Robet L. Bartley Gala에서 〈아메리칸 스펙테이터The American Spectator〉가 주는 티 분 피켄스T. Boone Pickens 상을 받았다. 높은 평가를 받는 저술가인 조 퀴넌Joe Queenan은 2006년에 트럼프가 러닝 애넥스Learning Annex 행사에서 한 강연을 듣고 3천만 달러라는 강연료가 충분치 않다고 썼다.

또한 높은 평가를 받는 부동산 전문가인 바바라 코코란Barbara Corcoran은 2008년 6월에 〈래리 킹 쇼〉에 출연한 자리에서 이렇게 말했다. "어떻게 도널드 트럼프와 경쟁할 수 있겠어요? 트럼프 덕분에 맨해튼에서 더 많은 부동산을 팔 수 있었어요. 트럼프는 1980년대에 혼자 힘으로 아무도 살고 싶어하지 않던 맨해튼의 이미지를 바꿨어요." 또한 《부자 아빠, 가난한 아빠》의 저자인 로버트 기요사키는 "도널드는 부동산 업계에서 제일 똑똑한 사람입니다. 누구도 견줄 수 없어요"라고 평가했다. 또한 뉴욕시에서 초호화 콘도미니엄을 개발하는 아서 제켄도르프Arthur Zeckendorf는 〈뉴욕타임스〉 기자로부터 누구에게 가장 많은 영향을 받았느냐는 질문을 받고 이렇게 대답했다. "도널드 트럼프라고 생각합니다. 사실상 트럼프가 고급 콘도 사업을 일으켰어요. 나는 트럼프의 뒤를 따랐고, 그를 존경합니다." 그는 뒤이어 구체적으로 무엇을 배웠느냐는 질문에는 "훌륭한 콘도를 짓는 일이 예술과 같으며, 최고의 제품을 만들어야 한다는 것"이라고 대답했다.

2008년 7월에 트럼프는 4천만 달러를 주고 매입한 팜비치 사우스 오션 불러바드 515번지 빌딩을 기록적인 가격인 1억 달러에 매각했으며, 2010년에는 뉴욕시에 있는 트럼프 인터내셔널 호텔 앤드 타워의 펜트하우스를 3,300만 달러에 매각했다. 2011년 5월에는 버지니아 샬럿빌에 있는 클루게 포도원을 사들여서 트럼프 포도원으로 만들었다. 이 포도원은 동해안에서 가장 크다.

2012년 2월에 트럼프는 마이애미에서 선수권전이 열리는 5개의 골프장과 세계적으로 유명한 블루 몬스터 골프장, 4,600평방미터의 스파, 그리고 700개의 객실이 있는 호텔을 포함하는 323만 평방미터 넓이의 도럴 호텔 앤드 컨트리 클럽을 사들였다. 캐딜락 월드 챔피언십 대회도 여기서 열린다. 2012년 4월에는 노스 캐롤라이나에 있는 포인트 레이크 앤드 골프 클럽을 사들여서 트럼프 내셔널 골프 클럽, 샬럿으로 바꿨으며, 12월에는 플로리다 주피터에 있는 리츠 칼튼 골프 클럽을 사들여서 트럼프 내셔널 골프 클럽, 주피터로 바꿨다. 2013년 4월에는 트럼프 인터내셔널 골프 클럽, 두바이 건설 계획이 발표되었으며, 골프장을 내려다보는 100채 이상의 고급 빌라로 구성되는 트럼프 이스테이츠가 2014년 3월에 분양에 들어갔다. 2015년 5월에는 뉴욕시 브롱크스 페리 포인트에 있는 트럼프 골프 링크스가 문을 열었다. 잭 니클라우스Jack Nicklaus는 "트럼프는 뉴욕시와 함께 사업을 추진하는 역량이 아주 뛰어났다. 내 생각에 그는 한계를 넘어서는 것 같다. 사업을 결승선까지 끌어가는 능력이 정말 좋다"라고 말했다. 이 골프장은 여러 해 동안 지연되면서 2억 달러가 넘는 혈세를 낭비했다. 그러나 트럼프가 사업을 맡은 후에는 잭 니클라우스의 설계대로 일 년 만에 완공되었다. 이 모든 골프장들은 새롭게 늘어나는 포트폴리오를 훌륭하게 채워줄 것이다.

2014년 2월에 트럼프는 아일랜드에 있는 둔벡 골프 리조트를 인수한다고 발표했다. 카운티 클레어County Clare에 있는 이 180만 평방미터 넓이의 골프장은 대서양을 접하고 있으며, 현재 트럼프 인터내셔널 골프 링크스 앤드 호텔, 아일랜드로 완전히 재개발되고 있다. 트럼프는 또한 2014년 4월에 오픈 챔피언십이 열리는 스코틀랜드의 유명 골프장인 턴베리 리조트를 인수했다. 아일랜드 해와 애런 섬을 바라보는 400만 평방미터 넓이의 이 골프장은 많은 사람들로부터 세계 최고라는 평가를 받는다. 미국 PGA는 2014년 4월에 2022년 PGA 챔피언십을 트럼프 내셔널 골프 클럽, 베드민스터에서, 2017년 시니어 PGA 챔피언십을 트럼프 내셔널 골프 클럽, 워싱턴 DC에서 연다고 발표했다. 또한 2014년 10월에는 18홀짜리 챔피언십 코스인 트럼프 월드 골프 클럽 두바이를 타이거 우즈가 설계할 것이라는 발표가 나왔다. 2015년 7월에는 트럼프 턴베리에서 여성부 브리티시 오픈 2015년 대회가 열렸다.

〈골프 다이제스트〉 잡지는 트럼프를 '당대 최고 골프장 건설인'으로 꼽았고, 〈스포츠 일러스트레이티드〉 잡지는 '세계 골프계에서 가장 중요한 인물'로 꼽았다. 세계적인 골프 사진가인 브라이언 모건Brian Morgan은 "도널드 트럼프는 지금까지 한 사람이 만들거나 사들인 최고의 골프 코스 및 클럽들을 보유하고 있다"라고 평가했다.

트럼프는 2015년 6월 16일에 대선에 나가겠다고 공식적으로 발표했다.

도널드 트럼프와 트럼프 오거나이제이션이 보유 · 개발 · 관리하거나 상표권을 내준 빌딩 목록

- 트럼프 타워
- 트럼프 월드 타워
- 트럼프 파크
- 트럼프 파크 이스트
- 트럼프 파크 애비뉴
- 트럼프 팰리스
- 트럼프 플레이스
- 610 파크 애비뉴
- 트럼프 플라자
- 트럼프 인터내셔널 호텔 앤드 타워 뉴욕
- 트럼프 인터내셔널 호텔 앤드 타워 시카고
- 트럼프 인터내셔널 호텔 라스베가스
- 트럼프 인터내셔널 골프 링크스, 애버딘(호텔+골프)
- 트럼프 인터내셔널 골프 링크스 앤드 호텔, 둔벡, 아일랜드(호텔+골프)
- 트럼프 턴베리, 스코틀랜드(호텔+골프)
- 트럼프 인터내셔널 호텔, 워싱턴 DC(트럼프는 총무청을 통해 상징적인 구 우체국 빌딩을 개발할 우선 사업자로 선정되었다. 이 사업은 총무청 역

사상 가장 치열한 경쟁을 거쳤다)

- 트럼프 인터내셔널 골프 클럽, 팜비치
- 트럼프 내셔널 골프 클럽, 주피터
- 트럼프 내셔널 골프 클럽, 워싱턴 DC
- 트럼프 내셔널 도럴, 마이애미(호텔+골프)
- 트럼프 내셔널 골프 클럽, 콜츠 넥
- 트럼프 내셔널 골프 클럽, 웨스트체스터
- 트럼프 내셔널 골프 클럽, 허드슨 밸리
- 트럼프 내셔널 골프 클럽, 베드민스터
- 트럼프 내셔널 골프 클럽, 필라델피아
- 트럼프 내셔널 골프 클럽, 로스앤젤레스
- 트럼프 내셔널 골프 클럽, 샬럿
- 페리 포인트 트럼프 골프 링크스(개발 및 운영)
- 트럼프 와이너리 앨버말 이스테이트
- 트럼프 와이너리 이스테이츠
- 마라라고 클럽
- 로스앤젤레스 트럼프 내셔널 이스테이츠
- 르 샤토 데 팔미에, 생 마르텡
- 트럼프 세븐 스프링스, 베드포드, 뉴욕
- 뉴욕시 트럼프 플라자 인접 타운하우스

- 마라라고 클럽 인접 저택 두 채
- 비벌리힐즈 저택
- 40 월 스트리트
- 트럼프 타워
- 나이키타운
- 1290 애비뉴 오브 아메리카(보네이도와 합작)
- 555 캘리포니아 스트리트(보네이도와 합작)
- 뉴욕시 소재 쇼핑센터 2개
- 트럼프 타워 뭄바이, 인도
- 트럼프 타워즈 푸네, 인도
- 트럼프 타워즈 이스탄불
- 트럼프 타워 푼타 델 에스테
- 센츄리 시티 트럼프 타워, 필리핀
- 트럼프 할리우드
- 트럼프 인터내셔널 비치 리조트, 마이애미
- 트럼프 타워즈 서니 아일스
- 트럼프 인터내셔널 골프 클럽 이스테이츠, 두바이
- 트럼프 호텔 리우데자네이루
- 트럼프 인터내셔널 호텔 앤드 타워 와이키키
- 트럼프 오션 클럽, 파나마

- 트럼프 인터내셔널 호텔 앤드 타워 밴쿠버
- 트럼프 인터내셔널 호텔 앤드 타워 토론토
- 트럼프 소호 뉴욕
- 시티 센터 트럼프 타워
- 트럼프 플라자 뉴로셸
- 트럼프 파크 스탬퍼드
- 트럼프 파크 레지던시즈 요크타운
- 트럼프 플라자 레지던시즈 저지 시티
- 최근 발표된 리도 및 발리 호텔 건설 사업
- 트럼프 월드 골프 클럽, 두바이
- 트럼프 인터내셔널 골프 클럽, 두바이
- 센트럴 파크 울먼 링크, 래스커 링크, 회전목마

도널드 트럼프가 보유한 상용 항공기

- 보잉 757
- 세스나 시테이션 X
- 시코스키 76 헬기 3대

어떻게 미국을 다시 위대하게 만들 것인가

초판 1쇄 발행 2016년 7월 20일
리커버판 1쇄 발행 2024년 12월 27일

지은이 도널드 트럼프
옮긴이 김태훈

펴낸곳 ㈜이레미디어
전화 031-908-8516(편집부), 031-919-8511(주문 및 관리)
팩스 0303-0515-8907
주소 경기도 파주시 문예로 21, 2층
홈페이지 www.iremedia.co.kr **이메일** mango@mangou.co.kr
등록 제396-2004-35호

편집 최연정, 이병철 **본문 디자인** 박정현 **표지디자인** 최치영
마케팅 김하경 **재무총괄** 이종미 **경영지원** 김지선

ISBN 979-11-93394-56-4 (03320)

* 가격은 뒤표지에 있습니다.
* 잘못된 책은 구입하신 서점에서 교환해드립니다.
* 이 책은 투자 참고용이며, 투자 손실에 대해서는 법적 책임을 지지 않습니다.

당신의 소중한 원고를 기다립니다.
mango@mangou.co.kr